Kräuter Tee

Paula Grainger
Karen Sullivan

Kräuter Tee

70 besondere
Tees zum
Selbermischen

Hallwag

und Minze ist die beste Zeit, um ganze Triebspitzen zu ernten, unmittelbar vor der Blüte. Einzelne Blätter können Sie jederzeit pflücken. Entfernen Sie abgestorbene oder von Mehltau befallene Blätter.

Zweige oder Stängel, etwa von Lavendel, Minze, Zitronenmelisse oder Schafgarbe, lassen Sie möglichst lang und binden sie zu Sträußchen mit 3 bis 4 cm Durchmesser. Stülpen Sie eine Papiertüte locker darüber, sodass noch das Ende der Stängel aus der Öffnung ragt, und fixieren Sie die Tüte mit einem Gummi. Nun können Sie die Kräuter an einem warmen und trockenen Ort aufhängen. Wenn die Stängel beim Trocknen dünner werden, zieht sich das Gummi weiter straff, sodass die Tüte nicht abrutscht.

Blüten, kleine Triebe, Blätter oder Samen geben Sie in eine großzügige Papiertüte mit genügend Platz. Verschließen Sie die Tüte mit einer Schnur oder einem Gummi, und hängen Sie sie zum Trocknen auf.

Blätter und Blüten sind vollständig getrocknet, wenn sie beim Zerreiben zwischen zwei Fingern zerfallen. Streifen Sie Blätter von langen Stängeln ab und zerkleinern Sie große Blätter gerade so weit, dass sie ins Vorratsglas passen. Lassen Sie die Kräuter so intakt wie möglich – je weniger Oberfläche der Luft ausgesetzt ist, umso länger bleiben sie frisch.

WURZELN TROCKEN

Wurzeln sammelt man am besten im Spätherbst oder im Winter, wenn die Pflanzen ihre Nährstoffe darin speichern und daher am wirkkräftigsten sind. Ausgerüstet mit einem scharfen Spaten und gutem Schuhwerk, stechen Sie um die Pflanze herum und graben so viel wie möglich von den Wurzeln aus. Wenn Sie einen Teil übrig lassen möchten, damit die Pflanze nächstes Jahr wieder wächst, sollten Sie die Wurzel teilen (mit dem Spaten oder einem alten Brotmesser). Pflanzen Sie Wurzelstücke, die intakt aussehen und sichtbare Triebe haben, wieder ein, geben Sie hochwertigen Kompost dazu und düngen und gießen die Stelle kräftig.

Reinigen Sie die gesammelten Wurzeln möglichst gründlich von Erde. Schwenken Sie sie mehrmals in einem Eimer mit Wasser, und erneuern Sie es immer wieder, bis es sauber bleibt. Hartnäckiger Schmutz lässt sich mit einem Wasserschlauch und einer Bürste entfernen. Legen Sie die Wurzeln nun an einem warmen Ort auf Zeitungspapier. Wenn sie sich trocken anfühlen, schneiden Sie sie in möglichst dünne Scheiben. Die vollständig ausgetrockneten Wurzeln werden meist sehr fest und hart, daher sollte man sie noch in frischem Zustand zerkleinern.

Zum Trocknen benötigen die dicken, holzigen Wurzeln etwas zusätzliche Hitze. Wenn Sie einen Dörrautomaten haben, benutzen Sie ihn nach Herstellerangaben. Andernfalls breiten Sie die Wurzeln auf Backblechen aus und lassen Sie im Ofen bei kleinster Hitze und mit angelehnter Ofentür 6 bis 8 Stunden trocknen. Sehen Sie regelmäßig nach, damit nichts verbrennt. Lassen Sie den Ofen keinesfalls unbeaufsichtigt. Wenn die Wurzeln ganz trocken sind (sie brechen dann eher, als dass sie sich verbiegen lassen), füllen Sie sie, wie die übrigen Kräuter, in ein beschriftetes Glas.

Kräuter zerkleinern

Viele Kräuter sind auch als Pulver erhältlich und lassen sich dann ausgezeichnet in Smoothies oder Honig mischen. Je feiner Kräuter jedoch aufbewahrt werden, umso schneller zersetzen sie sich, weil sie stärker der Luft ausgesetzt sind. Zerkleinert man sie dagegen erst kurz vor dem Gebrauch, werden ihre Inhaltsstoffe erst dann freigesetzt. Daher lohnt es sich, über die Anschaffung eines großen, schweren Mörsers mit Stößel oder einer Gewürz- oder Kaffeemühle nachzudenken. Ziel ist dabei nicht, ein Pulver herzustellen, sondern vielmehr, die Kräuter in

Inhalt

Einführung

Seit Jahrtausenden werden Kräuter zur Behandlung von vielerlei körperlichen und seelischen Beschwerden sowie zur Förderung von Gesundheit und Wohlbefinden genutzt. Die Heilwirkung von Kräutern wurde in zahlreichen Studien nachgewiesen. Johanniskraut kann Depressionen lindern, Sonnenhut (Echinacea) hat sich bei der Vorbeugung und Behandlung von Grippe und Erkältungskrankheiten bewährt, Ingwer hilft gegen Übelkeit, Verstopfung und Reisekrankheit, und Pfefferminze ist gegen die Symptome von Reizdarm erprobt. Aus vielen Pflanzen wurden synthetisch moderne Medikamente entwickelt, etwa Morphium (aus Mohn), Digoxin (aus Fingerhut; zur Behandlung von Herzkrankheiten) und Aspirin (aus Weidenrinde).

Kräuter können nicht nur heilen, sie sind auch reich an Nährstoffen, die Krankheitserreger im Vorfeld im Zaum halten und so für eine gute Gesundheit sorgen. Viele Kräuter werden wegen ihrer spezifischen Wirkungen oder zur Unterstützung natürlicher Heilungsprozesse verschrieben. Sie stärken ganze Organsysteme, wie das Verdauungs- oder das Immunsystem. Ein durch Kräuter gestärkter Körper ist resistenter gegen Krankheiten.

Es gibt viele Möglichkeiten, Kräuter zu nutzen. Kräutertees sind schnell und einfach zubereitet. Bei deren Genuss kommen ihre Heilkräfte zum Einsatz. Für den Tee können Sie frische Blätter und Blüten im Garten pflücken, Gewürze aus dem Vorratsschrank verwenden, oder Sie probieren die unzähligen Heilkäuter aus, die schnell und preisgünstig online erhältlich sind.

Die Tees schmecken zu jeder Tageszeit, egal ob heiß, gekühlt oder gefroren als Eiswürfel oder als Eis am Stiel (besonders beliebt bei Kindern). Sie können gezielt zur Linderung bestimmter Symptome oder zur Stärkung eines Organsystems bereitet werden, das gerade besonders belastet ist, nach Krankheit, bei Schlafmangel oder durch unausgewogene Ernährung. Die Wirkung von Kräutern darf nicht unterschätzt werden. Manche lindern schnell und effektiv häufige Beschwerden wie Husten, Halsweh, Schlaflosigkeit, Übelkeit und Blasenentzündung, andere wirken erst nach längerer Zeit auf tiefer sitzende Leiden, etwa Blutzucker- oder Hormonschwankungen, entzündliche Erkrankungen, chronische Schmerzen und Hautkrankheiten wie Schuppenflechte.

Auch auf die psychische Gesundheit haben Kräuter Einfluss: Sie helfen bei Panikattacken, Depressionen, Schlafproblemen, Stimmungsschwankungen und Stresssymptomen. Sogar die Gehirnleistung können sie unterstützen, etwa bei Demenz, Konzentrations- und Gedächtnisproblemen!

In diesem Buch finden Sie viele köstliche Rezepte, die zur Vorbeugung und Behandlung von verbreiteten Leiden entwickelt wurden, auf der Basis von stärkenden, wohltuenden Kräutern.

Das Kapitel *Reinigung & Detox* (ab S. 20) enthält Kräutermischungen, die den Körper von Giftstoffen reinigen und den Verdauungstrakt sowie Leber, Nieren und Haut unterstützen. Verdauungsprobleme verhindern oftmals die Aufnahme von Nährstoffen aus dem Essen. Dies kann zu Beschwerden führen, die das Wohlbefinden beeinträchtigen. Im Kapitel *Verdauen & kräftigen* (ab S. 36) finden Sie eine Auswahl an Tees, die Sie schnell wieder in die Höhe bringen.

Unser schnelllebiger Lebensstil belastet alle Körpersysteme; ab und an brauchen sie einen Schubs, damit wir uns wieder fit fühlen. Ob Sie morgens einen Kick brauchen, um in Schwung zu kommen, oder um nach dem Sport zu entspannen, sich auf die Prüfungsvorbereitung zu konzentrieren, der Gedankenspirale zu entfliehen oder das Gedächtnis zu stärken, chronische Schmerzen zu lindern oder mit neuen Herausforderungen klarzukommen: Sie finden alles, was Sie dazu brauchen, im Kapitel *Auftrieb & Schwung* (ab S. 52).

Genauso wichtig sind die Kräutertees im Kapitel *Ruhe & Gelassenheit* (ab S. 68). Sie fördern tiefe Entspannung und inneren Frieden. Dies steigert die Widerstandskraft in Phasen von Stress oder Krankheit und wappnet Sie gegen Depressionen, Hormonschwankungen, Kopfschmerzen oder Schlafprobleme. Wenn Sie ausgeruht und ausgeglichen sind, fällt es Ihnen leichter, Herausforderungen anzupacken.

Die Tees im Kapitel *Stärke & Schutz* (ab S. 84) kurbeln sowohl Ihr Immunsystem als auch alle anderen geschwächten Systeme an, lindern Beschwerden und fördern die Selbstheilungskräfte des Körpers. Diese wohltuenden, nahrhaften Tees sind im Winter unverzichtbar, aber auch, wenn Sie mal wieder auf allen Hochzeiten tanzen. Ihre entspannende, kräftigende oder belebende Wirkung – was auch immer der Körper benötigt –, lässt Sie wieder handlungsfähig werden.

Die wohlriechenden, stimmungsaufhellenden Tees im Kapitel *Glück & Freude* (ab S. 100) zeigen Ihnen den Weg zu ganzheitlicher Gesundheit. Wenn Ihre Beziehung und Ihr Sexualleben neuen Schwung brauchen, Ihre Lebenskraft gestärkt werden muss oder Sie eine emotionale Stütze brauchen, um wieder ruhig und entspannt zu schlafen, wenn Sie nach mehr Zufriedenheit streben, werden Sie hier fündig.

Zum Abschluss führen wir Sie *Über Tee hinaus* (ab S. 116) zu nahrhaften Milchgetränken, Honigen und Leckereien, die die Heilkräfte der vorgestellten Tees unterstützen oder unabhängig davon wirken.

Wenn Sie schwanger sind, stillen oder regelmäßig Medikamente einnehmen, achten Sie in den Rezepten auf die Symbole aus der Legende unten und halten Sie sich an die Empfehlungen.

Am Ende des Buchs finden Sie eine hilfreiche Übersicht der Kräuter, in der die wichtigsten Heilwirkungen und mögliche Kontraindikationen genannt sind (*Kräuterpedia*, ab S. 132). Benutzen Sie diese Liste, um für Ihre persönlichen Bedürfnisse eigene Mischungen zusammenzustellen oder um mehr über die wunderbare Welt der Kräuter zu erfahren.

Jetzt bleibt nur noch, sich zurückzulehnen, Tee zu trinken und zuzusehen, wie Gesundheit und Wohlbefinden Höhenflüge erleben. Frohen Teegenuss!

TEE-LEGENDE

- in der Schwangerschaft vermeiden
- in der Stillzeit vermeiden
- bei Einnahme von Medikamenten vermeiden (bei welchen, ist angegeben)

Tees fürs Wohlbefinden

Nahrhafte, stärkende und aktiv heilende Tees zur Verbesserung von Gesundheit und Wohlbefinden lassen sich auf verschiedene Weise herstellen. Die Zubereitungsart hängt auch vom verwendeten Kraut ab: Holzige Pflanzenteile müssen gehackt und aufgekocht werden, während frische Kräuter und Blüten ihre Heilkräfte schon entfalten, wenn sie in heißem Wasser ziehen. In diesem Abschnitt finden Sie Tipps, wie Sie Ihre Kräuter optimal nutzen und welche Tees Sie damit kreieren können.

Ausstattung

Für die Zubereitung von Kräutertees benötigen Sie nicht viel Zubehör. Einiges davon haben Sie vermutlich schon zu Hause. Mit der richtigen Ausstattung lässt sich aus den Kräutern allerdings noch mehr herausholen. Daher lohnt es sich, über die Anschaffung einzelner Teile nachzudenken.

Für die Rezepte in diesem Buch brauchen Sie:

- **GROSSE TEEKANNE** – aus Glas, damit man die Kräuter sieht
- **KLEINE TEEKANNE** – mit Sieb-Einsatz, da sie leicht zu reinigen sind
- **TEESIEB**
- **MITTELGROSSES SIEB**
- **MÖRSER MIT STÖSSEL** – je größer/schwerer, desto besser
- **GEWÜRZ- ODER KAFFEEMÜHLE** – Benutzen Sie eine Kaffeemühle ausschließlich für Kräuter, damit nicht alles nach Kaffee schmeckt. Um die Mühle zu reinigen, mahlen Sie darin einige Esslöffel ungekochten Reis.
- **1-LITER-MESSBECHER** – am besten aus Glas
- **GROSSE GLAS- ODER PORZELLANKANNE** – für Eistees
- **WASSERKOCHER, ELEKTRISCH ODER FÜR DEN HERD**
- **EIN SET MESSLÖFFEL**
- **TEE-EI ZUM AUFBRÜHEN** – Nehmen Sie ein großes, in dem sich die Kräuter beim Ziehen ausbreiten können.
- **KLEINE PFANNE**
- **WASSERFILTER**
- **VORRATSBEHÄLTER AUS GLAS** – um Ihre Kräuter geschützt und trocken aufzubewahren
- **ETIKETTEN** – um die Behälter zu beschriften

Getrocknete Kräuter kaufen

Alle getrockneten Kräuter aus diesem Buch erhalten Sie im Kräuterhandel. Bei den Bezugsquellen (S. 140) finden Sie eine Liste von Online-Händlern. Fragen Sie aber auch vor Ort im Reformhaus, im Bioladen oder im Kräuterfachgeschäft – viele haben nicht nur eine gute Auswahl an getrockneten Kräutern vorrätig, sondern bieten auch fachlich kompetente und engagierte Beratung an.

Trockenkräuter sind lang haltbar, doch mit der Zeit verlieren sie an Aroma und an Heilwirkung – insbesondere, wenn sie zu warm oder zu hell gelagert werden. Prüfen Sie getrocknete Kräuter beim Einkauf immer auf Frische. Die Farbe von Blättern und Blüten muss noch gut erkennbar sein. Samen, Wurzeln und Rinden sollten sich fest anfühlen. Setzen Sie auch Ihren Geruchssinn ein: Die Kräuter sollten frisch und aromatisch riechen. Riechen sie muffig, suchen Sie am besten gleich einen neuen Händler.

Kräuter werden meist in Papier- oder Plastiktütchen verkauft. Füllen Sie sie zu Hause in einen Behälter mit dicht schließendem Deckel um. Transparente Vorratsgläser mit Trockenkräutern wirken zwar sehr dekorativ, doch wenn Sie die Kräuter nicht zügig verbrauchen, können sie durch das Licht verderben. Bewahren Sie sie besser im Vorratsschrank auf oder verwenden Sie dunkle Glasbehälter, die Sie nicht direkt in die Sonne stellen. Beschriften Sie Ihre Kräuter immer sofort, auch wenn Sie heute wissen, was in welchem Glas ist. Später werden Sie darüber froh sein, denn selbst die erfahrensten Kräuterheilkundigen kommen mal durcheinander.

Kräutervorrat für den Start

Es gibt viele Kräuter, die wegen ihres Aromas und ihrer Heilwirkung interessant sind. Hier verliert ein Neuling schnell den Überblick. Die folgende Liste enthält eine erste Auswahl an wirksamen Heilkräutern. Sollte Ihnen für ein Rezept mal eine Zutat fehlen, lassen Sie sie einfach weg oder verwenden etwas mehr von den anderen Zutaten.

Unser Starter-Set enthält folgende Kräuter:

- ECHTES MÄDESÜSS
- HELMKRAUT
- HOLUNDERBEEREN
- KAMILLE
- LINDENBLÜTEN
- PFEFFERMINZE
- RINGELBLUME
- SALBEI
- SONNENHUT (ECHINACEA)
- SÜSSHOLZWURZEL (GEHACKT)
- ZIMTSTANGEN
- ZITRONENMELISSE

LECKERE EXTRAS

Frischer Ingwer und Zitronen halten sich eine Weile im Kühlschrank. Sie sollten immer einen kleinen Vorrat zur Hand haben, um damit Ihren Tee geschmacklich aufzupeppen. Honig ist ein wunderbares Süßungsmittel – und wenn Sie Manuka-Honig verwenden, ein antibakteriell wirkendes Naturheilmittel aus der Südseemyrthe, verstärken Sie damit die Heilwirkung Ihrer Tees.

Frische Kräuter verwenden

Frische Kräuter im Tee sehen nicht nur dekorativ aus, sie verleihen ihm auch ein einzigartiges Aroma. Das Anpflanzen erfordert nicht viel Platz – ein Blumenkasten oder ein sonniges Fensterbrett genügt, vorausgesetzt, Sie düngen und gießen die Pflanzen sorgfältig. Zitronenmelisse, Minze, Salbei und Thymian sind leicht zu ziehen. Wenn Sie sie regelmäßig schneiden, treiben die Pflanzen immer nach, und Sie erhalten ständig Nachschub an frischen Blättern.

WILDSAMMELN

Das Pflücken von Kräutern in der freien Natur oder auf öffentlichen Plätzen heißt „Wildsammeln“. Bevor Sie jedoch mit Körbchen und Gartenschere losziehen, beachten Sie die nachfolgenden Hinweise. Lassen Sie sich aber nicht abschrecken – die Kräutersuche macht einen Spaziergang richtig spannend. Auch Kinder werden dabei Spaß haben und bekommen einen guten Zugang zur Natur.

- Zunächst einmal müssen Sie die essbaren Pflanzen erkennen! Investieren Sie in ein gutes Kräuterbestimmungsbuch, und suchen Sie im Internet Fotos und Beschreibungen der Sorten, die Sie zu finden hoffen. Nehmen Sie an einer Wildkräuterführung teil. Dabei lernen Sie die Heilkräuter in Ihrer Umgebung kennen. Packen Sie einen Fotoapparat ein und fotografieren Sie alle vorgestellten Kräuter, um später nachsehen zu können.
- Machen Sie sich mit den Vorschriften der Gegend vertraut, in der Sie Kräuter sammeln möchten. Sammeln Sie nicht in Naturschutzgebieten. Es ist zudem illegal, Pflanzen von Privatgrundstücken ohne Zustimmung des Eigentümers mitzunehmen. Wenn Sie jedoch im Nachbargarten eine Unmenge Löwenzahn erspähen, fragen Sie einfach, ob Sie welchen pflücken dürfen – vielleicht tun Sie dem Nachbarn damit sogar einen Gefallen!
- Da viele Arten heute gefährdet sind, sollten Sie verantwortungsvoll handeln: Schneiden Sie nie Wurzeln oder Rinde ab, denn das beschädigt die Pflanze. Pflücken Sie nur die Teile, die Sie selbst verbrauchen, und maximal zehn Prozent der Blüten oder Blätter an einem Fundort. Lassen Sie seltene, vom Aussterben bedrohte oder gefährdete Pflanzen stehen (im Zweifelsfall recherchieren Sie im Internet).
- Um Giftstoffe zu vermeiden, pflücken Sie nicht an verkehrsreichen Straßen, und vergewissern Sie sich im Internet, dass ein Gebiet früher nicht industriell genutzt wurde. Halten Sie sich auch von nicht ökologisch bewirtschafteten Landwirtschaftsflächen fern; sie enthalten oft Rückstände von Pestiziden und Düngemitteln. Bei örtlichen Behörden erfahren Sie, welche Chemikalien in Parks und Erholungsgebieten verwendet werden. Wenn Sie bodennahe Kräuter sammeln, meiden Sie Stellen, die bei Hundebesitzern beliebt sind.

MISCHEN AUF VORRAT

Warum nicht gleich eine größere Menge vom Lieblingstee mischen? So haben Sie ihn immer parat. Dazu rechnen Sie die Zutaten einfach hoch – nehmen Sie sie etwa mal 10 –, und füllen Sie sie in ein beschriftetes Vorratsglas. Vergessen Sie nicht, die Mischung vor dem Gebrauch umzurühren, da die schwereren Wurzeln und Samen normalerweise nach unten sinken.

Kräuter für Tees trocknen

BLÄTTER UND BLÜTEN

Wer die gesammelten Kräuter trocknet, kann sie auch außerhalb ihrer Saison nutzen und hat an kalten Wintertagen noch die Aromen des Sommers im Haus. Offen zum Trocknen aufgehängt, sehen Kräuter zwar sehr dekorativ aus. Besser ist es aber, Sie stecken sie in saubere braune Papiertüten: So sind die Kräuter vor Berührung, Staub und Insekten geschützt.

Ernten Sie Kräuter nur an trockenen Tagen; feuchte Kräuter können beim Trocknen verderben. Wenn Sie sie bei Feuchtigkeit pflücken müssen, breiten Sie sie lose auf Küchenpapier aus und legen sie über Nacht an einen warmen Ort, bis sie ganz trocken sind. Der Morgen gilt als günstigste Tageszeit, um Duftkräuter zu pflücken – bevor sich in der Hitze des Tages die ätherischen Öle verflüchtigen. Bei Blühkräutern wie Ringelblume und Kamille knipsen Sie die Blüten ab, wenn sie sich geöffnet haben; das fördert die Entstehung weiterer Knospen und damit regelmäßige Ernteerträge. Bei Blattkräutern wie Zitronenmelisse

kleinere Stücke zu zerstoßen. Alternativ geben Sie die Kräuter in einen verschließbaren Frischhaltebeutel und zerkleinern sie mit einem Nudelholz.

Kräutertees zubereiten

Im Wesentlichen gibt es zwei Zubereitungsmethoden für Kräutertees. Das Ziel ist immer, die köstlichen Aromen und die wertvolle Heilwirkung der Kräuter im Wasser zu lösen, in der Regel mithilfe von Hitze.

AUFGUSS

Zarte Blätter und Blüten benötigen gerade genug Hitze, damit sich ihre Inhaltsstoffe im Wasser lösen. Dies gilt insbesondere für Duftkräuter wie Minze, Rosmarin, Kamille und Thymian, deren reichhaltige ätherische Öle bei längerem starkem Erhitzen verdampfen. Am besten bewahrt man Geschmack, Aroma und Heilwirkung dieser empfindlichen Pflanzenteile, indem man einen einfachen Aufguss zubereitet. Gießen Sie dafür heißes (aber nicht kochendes) Wasser über die Kräuter und lassen sie so lange ziehen, wie im jeweiligen Rezept angegeben.

ABSUD

Die meisten Wurzeln und Rinden sowie manche Samen sind hart, das heißt, sie benötigen mehr Hitze und eine längere Ziehzeit. Daher bereitet man aus ihnen am besten einen Absud zu, kocht sie also in Wasser aus. Geben Sie solche Kräuterteile mit Wasser in einen kleinen Topf und bringen Sie alles langsam zum Köcheln; dann setzen Sie einen Deckel auf den Topf, reduzieren die Hitze und köcheln die Kräuter so lang, wie im Rezept angegeben. Falls der Tee auch zartere Duftkräuter enthält, denen die Hitze schaden würde, geben Sie diese erst dazu, wenn Sie den Topf vom Herd genommen haben, und lassen Sie sie wie üblich im heißen Wasser ziehen.

EIN WORT ZUM WASSER

Kräutertees können mit Leitungswasser zubereitet werden, doch noch besser schmecken sie mit gefiltertem Wasser; auch die Farben wirken dann klarer. Ganz unkompliziert ist das mit einem eingebauten Wasserfiltersystem, doch eine einfache, preisgünstige Wasserfilterkanne funktioniert ebenso gut.

Kräutermischungen, selbst gemacht

Wenn Sie erst einmal mit der großen Vielfalt an Kräutern vertraut sind und ihre Heilwirkungen kennen, möchten Sie vielleicht selbst Tees kreieren. Es gibt eine einfache Grundregel nach der Sie unproblematisch Mischungen zusammenstellen können, die Ihrer Gesundheit zugutekommen.

Beginnen Sie zunächst mit einer aktiven Zutat – also einem Kraut, das direkt auf den Körper wirkt. Wenn etwa eine Erkältung im Anmarsch ist, nehmen Sie Sonnenhut oder Kalmegh. Dann wählen Sie eine Sorte, die die betroffene(n) Körperregion(en) stärkt. In diesem Fall könnte das Angelikawurzel sein, die traditionell zur Fiebersenkung und zur Linderung von Husten oder Erkältung eingesetzt wird, schleimlösende Quecke oder auch Eibisch, der die Schleimhäute beruhigt. Die letzte Zutat sollte die Wirkung der anderen beiden Kräuter abrunden. Hier können Sie wärmenden Ingwer verwenden, entzündungshemmende Gewürznelken oder beruhigenden Lavendel, aber z. B. auch Kamille, sie ent-

AUSSTATTUNG FÜR AUFGÜSSE

In einer bauchigen Teekanne können Kräuter optimal ziehen, und der Deckel verhindert, dass sich die ätherischen Öle verflüchtigen. Becher mit Sieb-Einsatz und Deckel machen das Aufbrühen leicht, ebenso wie Tee-Eier, die man in die Tasse hängt. Es gibt auch Teebeutel zum Selbstbefüllen mit der eigenen Kräutermischung.

spannt Körper und Seele, sorgt für erholsamen Schlaf und fördert den Heilungsprozess. Gehen Sie nach dem Prinzip 3–2–1 vor: drei Teile der aktiven Pflanze(n), zwei Teile der stärkenden und ein Teil der abrundenden Pflanze(n).

Aromatisieren oder süßen Sie mit Zitrone, Honig, Zimt, und schon haben Sie einen Tee, der ganz auf Ihre persönlichen Bedürfnisse abgestimmt ist.

Kräutertees als Geschenk

Viele Rezepte in diesem Buch eignen sich als Geschenk. Füllen Sie die Kräutermischung in ein schönes Vorratsglas und versehen Sie es mit einem Etikett, auf dem Inhalt und Zubereitung stehen. Als Extra können Sie noch ein Tee-Ei, einen Becher oder eine schöne Kanne dazugeben. Beziehen Sie Ihre Kinder in die Vorbereitung mit ein. Vielleicht wollen sie Teekanne und Becher mit Keramikfarben bemalen? Die präsentieren Sie dann zusammen mit der selbst gemachten Teemischung in einem Korb oder einer Box – ein tolles Geschenk!

Alle Teile einer Blume, eines Baumes oder einer anderen Pflanze sind Kräuter – oft lassen sich Blüten, Blätter, Rinde, Knospen, Früchte, Wurzeln, Samen und sogar das Harz verwenden. Je frischer die Kräuter gepflückt sind, desto stärker wirken sie. Getrocknet sind sie leichter erhältlich; ihre Wirkung reduziert sich dann aber auf ein Drittel.

Kräutertees haben nichts mit Schwarz- oder Grüntees zu tun, vielmehr handelt es sich um Aufgüsse von Pflanzenteilen, deren Wirkstoffe im heißen Wasser gelöst sind. Auf Englisch nennt man einen Kräutertee *infusion*, auf Französisch *tisane*.

Es gibt kaum etwas Wohltuenderes als warmen Kräutertee im Winter oder erfrischenden Eistee mit hübschen Kräuter-Eiswürfeln im Sommer. Machen Sie es sich gemütlich, und genießen Sie allein oder mit Freunden und der Familie ein Tässchen. Das wird schnell Ihre Stimmung auf ganz natürliche Art heben.

Ein Spritzer frisch gepresster Zitronensaft verstärkt nicht nur die antioxidative Wirkung der Kräuter, er kräftigt auch die Leber, unterstützt die Entgiftung des Körpers und fördert die Verdauung. Zitrone mildert zudem bitteren Geschmack, vor allem in Tees, die etwas zu lang gezogen haben.

Fast alle Kräuter wirken zu einem gewissen Grad entgiftend, weil sie die Verdauung fördern und die Organe von Giftstoffen befreien, sodass sie wieder optimal funktionieren. Wer sich träge, müde und erschöpft fühlt, dem genügt oft schon eine Tasse Tee, um die Lebensgeister in Schwung zu bringen.

Kapitel 1

Reinigung & Detox

Wer sich beste Gesundheit und Wohlbefinden wünscht, sollte insbesondere jene Organe unterstützen, die unermüdlich im Einsatz sind, um uns von Giftstoffen zu befreien. Die wunderbaren Tees in diesem Kapitel enthalten kräftigende Kräuter, die sowohl den Körper sanft entgiften, als auch für Energieschübe, einen ausgeglichenen Hormonspiegel und ein klares Hautbild sorgen, die Verdauung unterstützen sowie die Abwehrkräfte stärken.

Morgenreinigung

Beginnen Sie Ihren Tag mit diesem wohltuend frischen Tee! Er bringt die Verdauung und das Lymphsystem in Schwung, sodass Schadstoffe leichter aus dem Körper gespült werden können. Wenn Sie sich kraftlos und träge fühlen, ist der Tee genau richtig – und er ist einfach und schnell zubereitet.

ERGIBT 1 GROSSEN BECHER

1 Stängel Petersilie

½ TL getrocknete oder 3–4 frische Löwenzahnblätter

2 Zitronenscheiben

1 Stück (1 cm) frischer Ingwer, geschält und grob gehackt

Die frischen Blätter grob zerrupfen und zusammen mit den übrigen Zutaten in einen großen Becher geben. In einem Wasserkocher gefiltertes Wasser bis knapp unter den Siedepunkt erhitzen, den Becher mit dem heißen Wasser auffüllen.

EIN GUTER TIPP

Frische Kräuter machen sich im Tee ausgezeichnet und sind in der Natur leicht zu finden. Löwenzahn etwa wächst buchstäblich überall – und gilt trotz seiner fantastischen Heilkräfte als Unkraut. Warum also pflücken Sie nicht nächstes Mal, wenn Sie an einer Blumenwiese vorbeikommen, einige Blätter und bereiten sich diesen erfrischenden Tee zu?

Fruchtiger Jungbrunnen

Mit Vitamin C als Detox-Mittel und einem ganzen Schwung Antioxidantien aus den roten und blauen Anthocyanen der Beeren stärkt dieser aromatische Tee das Immunsystem und wirkt entzündungshemmend. Außerdem hilft er bei der Abwehr von freien Radikalen, die die Zellen angreifen und den Alterungsprozess beschleunigen.

ERGIBT 1 TASSE

2 TL getrocknete Holunderbeeren

1 TL getrocknete Heidelbeeren

1 TL getrocknete Hibiskusblüten

1 TL getrocknete Weißdornbeeren

½ TL fein abgeriebene Schale einer Bio-Orange

Zitronensaft, nach Geschmack

Honig, nach Geschmack

300 ml gefiltertes Wasser in einen kleinen Stieltopf gießen und bis knapp unter den Siedepunkt erhitzen. Die getrockneten Beeren und Blüten sowie die Orangenschale hineingeben, den Herd auf die kleinste Stufe stellen und einen dicht schließenden Deckel auf den Topf setzen. Etwa 5 Minuten sanft köcheln lassen, bis die Beeren weich sind und aufzuplatzen beginnen.

Die Mischung durch ein Sieb in eine Tasse gießen, dabei mit einem Löffel so viel Saft wie möglich aus den Beeren drücken. Nach Geschmack mit einem Spritzer Zitronensaft Frische und einen Vitamin-C-Kick dazugeben und mit etwas Honig süßen.

EIN GUTER TIPP

Sie können aus diesem Tee Eiswürfel bereiten und damit Wasser oder kalte Drinks aufpeppen. Oder servieren Sie ihn eisgekühlt mit frischer Minze.

Strahlend schöne Haut

Einem alten Spruch zufolge führt der tägliche Genuss von Labkrauttee zu unwiderstehlicher Schönheit. Probieren Sie's aus – was kann schon schiefgehen? In diesem Tee wird das Labkraut ergänzt durch Brennnessel, Ringelblume und Große Klette, die den Körper reinigen und für ein klares Hautbild sorgen.

ERGIBT 2 BECHER

2 TL getrocknetes Klettenlabkraut
1 TL getrocknete Brennnesselblätter
1 TL getrocknete Ringelblume
½ TL gehackte getrocknete Klettenwurzel
¼ TL gehackte getrocknete Bio-Orangenschale

Die Kräuter und die Orangenschale in eine angewärmte Teekanne geben. In einem Wasserkocher 600 ml gefiltertes Wasser bis knapp unter den Siedepunkt erhitzen und über die Kräuter gießen. Den Deckel aufsetzen und den Tee 5–6 Minuten ziehen lassen, anschließend durch ein Sieb in zwei Becher gießen.

EIN GUTER TIPP

Wenn sich beim nächsten Spaziergang (bei trockenem Wetter!) die kleinen Kletten des Labkrauts an Ihrer Hose festhängen, pflücken Sie ganze Stängel davon. Hängen Sie sie in einer Papiertüte auf (siehe S. 16), bis sie auf Druck zerfallen. Bewahren Sie die Kräuter in einem Vorratsglas auf.

Derma-Tee

Wenn Sie zu Hautausschlägen neigen, ist dieser Tee genau richtig. Die reinigenden Kräuter wirken auf Leber und Lymphsystem, beseitigen dort Stauungen und lassen Ihre Haut frisch und klar aussehen. Manuka-Honig wirkt zusätzlich antibakteriell.

ERGIBT 2 TASSEN

1 TL getrocknete Schwertlilie
1 TL getrocknete Sarsaparille
½ TL getrocknete Ringelblume
1 TL getrocknete Wiesenkleeblüten
½ TL getrocknete Knotige Braunwurz
Manuka-Honig, nach Geschmack

Die getrockneten Kräuter in eine angewärmte Teekanne geben. In einem Wasserkocher 400 ml gefiltertes Wasser bis knapp unter den Siedepunkt erhitzen. Das heiße Wasser über die Kräuter gießen und den Deckel der Teekanne aufsetzen. Den Tee 10 Minuten ziehen lassen, dann durch ein Sieb in zwei Tassen gießen und nach Geschmack etwas Honig zum Süßen einrühren.

Leber-Verwöhntee

Die Leber, das „Kraftwerk" des Körpers, leistet harte Arbeit für unsere Gesundheit: Sie sorgt für einen ausgeglichenen Hormonspiegel, regelt die Körpertemperatur, unterstützt die Verdauung und reinigt den Körper. Zeigen Sie sich dafür erkenntlich mit zellerneuernden Mariendistelsamen und kräftigenden Chinabeeren sowie mit Löwenzahn- und Mahonienwurzel, die die Leber stimulieren. Lecker!

ERGIBT 2 BECHER

2 TL Mariendistelsamen

2 TL gehackte getrocknete Löwenzahnwurzel

1 TL gehackte getrocknete Mahonienwurzel

2 TL getrocknete Chinabeeren

2 Bio-Zitronenscheiben

In einem Mörser oder einer sauberen Kräutermühle die Samen, Wurzeln und Beeren grob zerkleinern. Alles in einen kleinen Stieltopf geben und 650 ml gefiltertes Wasser hinzufügen. Zum Kochen bringen, dann die Hitze reduzieren und die Mischung 10 Minuten sanft köcheln lassen. Den Topf vom Herd nehmen, den Tee darin weitere 5 Minuten ziehen lassen. Durch ein Sieb in zwei Becher gießen und jeden mit 1 Zitronenscheibe garnieren.

EIN GUTER TIPP

Eine Extraportion Zitronenfrische gefällig? Dann geben Sie die Zitronenscheiben 1 Minute mit ins kochende Wasser. Zitrone ist übrigens bekannt für ihre leberstärkenden Eigenschaften.

Blasenglück

Bucco hat ein sensationelles Johannisbeeraroma und wird in seiner Heimat Südafrika zur Stärkung von Blase und Nieren eingesetzt. In diesem Tee kommen außerdem entzündungshemmende Bärentraube, wohltuender Eibisch und beruhigende Maisgrannen sowie harntreibende Kräuter dazu – sie alle spülen bei Blasenreizung richtig durch. Genießen Sie den Tee pur oder mischen Sie ihn mit der gleichen Menge ungesüßtem Cranberrysaft.

ERGIBT 1 LITER

3 TL getrocknete Buccoblätter
2 TL getrocknete Echte Goldrute
2 TL getrocknete Bärentraubenblätter
2 TL gehackte getrocknete Eibischwurzel
1 TL getrocknete Quecke
1 TL getrocknete Zitronenmelisse
1 TL getrocknete Maisgrannen

Die Kräuter in eine große angewärmte Teekanne oder eine hitzebeständige Glaskanne geben. In einem Wasserkocher 1 Liter gefiltertes Wasser bis knapp unter den Siedepunkt erhitzen und über die Kräuter gießen. 5–10 Minuten ziehen lassen, dann durch ein Sieb abgießen. Eine Tasse davon sofort trinken, den Rest abkühlen lassen. In eine Glasflasche umfüllen und bis zu 2 Tage im Kühlschrank aufbewahren.

EIN GUTER TIPP

Wer viel Flüssigkeit zu sich nimmt, reinigt sanft die Harnwege, wenn eine Blasenentzündung droht. Dieser Tee unterstützt die reinigende Wirkung und schmeckt dazu noch gut. Mit diesem Rezept erhalten Sie ein größere Menge – trinken Sie ihn über den Tag verteilt.

Duftender Samentee

Die Samen von Fenchel, Bockshornklee, Sellerie und Anis haben nicht nur ein wunderbares Aroma, sie regulieren auch den Blutzuckerspiegel und reinigen von Kopf bis Fuß. Ingwer und Zimt wärmen, wirken dazu entzündungshemmend und antibakteriell. Studien zeigten, dass Zimt den Blutzucker senken und Typ-2-Diabetes vorbeugen kann.

ERGIBT 1 BECHER

1 ½ TL Fenchelsamen

½ TL Selleriesamen

¼ TL Bockshornkleesamen

1 TL gehackter getrockneter Ingwer oder 1 Stück (1 cm) frischer Ingwer, geschält und gehackt

½ TL Anis

¼ TL gemahlener Zimt oder feine getrocknete Zimtsplitter von der Rinde

Zitronenscheiben, zum Garnieren

Alle Zutaten, außer den Zitronenscheiben, in eine angewärmte Teekanne geben. In einem Wasserkocher 300 ml gefiltertes Wasser bis knapp unter den Siedepunkt erhitzen, über die Kräuter gießen und den Deckel aufsetzen. Den Tee ziehen lassen: Samen brauchen etwas länger als getrocknete Blätter, um ihre Wirkstoffe ans Wassser abzugeben, daher sollte der Tee 10–15 Minuten ziehen. Durch ein Sieb in einen Becher abgießen und mit den Zitronenscheiben garniert servieren.

HEILENDE KRÄUTER

Der vielseitige Fenchel hat exzellente antioxidative Eigenschaften und enthält reichlich Vitamine und Mineralien. Vor allem stärkt er das Verdauungssystem und lindert Blähungen. Nehmen Sie deswegen immer ein Päckchen Fenchelsamen zum Knabbern nach dem Essen mit, auch für einen frischen Atem!

Lymphhelfer

Das Lymphsystem macht einen wesentlichen Teil des Immunsystems aus. Wenn es überlastet ist, etwa nach einer Krankheit oder einer heftigen Stressphase, fühlt man sich oft träge und aufgebläht. Dieser Tee bringt Ihr System wieder in Schwung: Ringelblume und Labkraut stimulieren es sanft, während Löwenzahnblätter und Ackerschachtelhalm die Entwässerung des Körpers unterstützen. Wiesenklee wird schon seit alters zur Blutreinigung benutzt.

ERGIBT 2 TASSEN

2 TL getrocknete Löwenzahnblätter

2 TL getrocknete Ringelblume

1 TL getrocknetes Klettenlabkraut

1 TL getrockneter Ackerschachtelhalm

3–4 getrocknete oder frische Wiesenkleeblüten

Honig, nach Geschmack

Die Kräuter in eine angewärmte Teekanne geben. In einem Wasserkocher 400 ml gefiltertes Wasser bis knapp unter den Siedepunkt erhitzen und über die Blätter, Blüten und Samen gießen. Den Tee 10 Minuten ziehen lassen, dann durch ein Sieb in zwei Tassen gießen. Pur genießen oder noch etwas Honig einrühren.

HEILENDE KRÄUTER

Wiesenklee stimuliert auch den Kreislauf. Dadurch wird die Haut mit sauerstoffreichem Blut versorgt und sieht strahlend frisch aus.

Grüne-Blätter-Tee

Diese wärmende Mischung duftet köstlich und schenkt Ihrem Körper einen Rund-um-Frühjahrsputz – einfach perfekt, wenn Sie sich nach dem Winter entgiften möchten und einen Energiekick brauchen. Harntreibende, entzündungshemmende Brennnessel wirkt perfekt mit den Anti-Aging-Blättern von Brombeere und Himbeere, der heilenden Zitronenverbene und dem nährstoffreichen Oregano. Die Grüne Minze entspannt, unterstützt die Verdauung und bekämpft auch Pilzerkrankungen.

ERGIBT 2 TASSEN

½ TL getrocknete Brombeerblätter oder 3–4 frische Blätter, zerrupft

½ TL getrocknete Brennnesselblätter

½ TL getrocknete Zitronenverbene

½ TL getrocknete Himbeerblätter

¼ TL getrockneter Oregano

¼ TL getrocknete Grüne Minze

¼ TL getrocknete Odermennigblätter

4 Stängel Minze, zum Garnieren

Die Blätter gut mischen und in eine angewärmte Teekanne geben. In einem Wasserkocher 400 ml gefiltertes Wasser bis knapp unter den Siedepunkt erhitzen und über die Blätter gießen. Den Tee 3–5 Minuten ziehen lassen, dann durch ein Sieb in zwei Tassen gießen. Mit der frischen Minze garniert servieren.

EIN GUTER TIPP

Minzeblätter machen sich in jeder Jahreszeit gut als Dekoration. Um sie auch im Winter frisch ernten zu können, setzen Sie im Herbst einen kleinen Teil der Pflanze in einen Blumentopf. Stellen Sie diesen an ein helles Fenster ohne direktes Sonnenlicht. So sind Sie den ganzen Winter mit Minze versorgt.

Der-Morgen-danach-Tee

Mit diesem Tee finden Sie nach einer durchgefeierten Nacht wieder zu Ausgeglichenheit und geistiger Ruhe. Er enthält leberstärkende Mariendistel, reinigende Brennnessel, blutzuckerregulierenden Zimt, Eibischwurzel für die Verdauung, Taigawurzel für neue Energie und Zitronenmelisse, um die angeschlagene Stimmung zu heben. Eine Tasse davon, und Sie fühlen sich gleich viel besser!

ERGIBT 1 BECHER

2 TL Mariendistelsamen
1 TL getrocknete Brennnesselblätter
1 TL gehackte getrocknete Eibischwurzel
½ TL getrocknete Taigawurzel (Sibirischer Ginseng)
¼ TL gemahlener Zimt oder ½ Zimtstange
2 TL getrocknete Zitronenmelisse
1 TL Honig, nach Geschmack

In einem Mörser die Mariendistelsamen zerstoßen. Alle Kräuter außer der Zitronenmelisse in einen kleinen Topf geben und 350 ml gefiltertes Wasser hinzufügen. Bei mittlerer Hitze langsam zum Kochen bringen, dann sofort die Hitze reduzieren und alles 5 Minuten köcheln lassen. Den Topf vom Herd nehmen und unter Rühren die Zitronenmelisse hineingeben. Einen Deckel aufsetzen und den Tee 5 Minuten ziehen lassen. Nach Geschmack mit Honig süßen. Den Tee durch ein Sieb in einen Becher gießen und mit jedem Schluck das wohlig-friedvolle Gefühl genießen.

EIN GUTER TIPP

Zitronenmelisse wird seit Jahrhunderten für erholsamen Schlaf, gesunde Verdauung und innere Ruhe eingesetzt. Das Kraut schmeckt auch in kalten Getränken. Lassen Sie frische Blätter 5 Minuten in heißem Wasser ziehen, gießen Sie dann den Absud durch ein Sieb, und lassen Sie ihn abkühlen. Mit Eiswürfeln aus diesem Tee kühlen Sie beruhigende, wohltuende Sommer-Drinks.

Kapitel 2

Verdauen & kräftigen

Wenn die Verdauung gut funktioniert, kann der Körper die wertvollen Nährstoffe aus der Nahrung optimal aufnehmen und gleichzeitig Schadstoffe effektiv loswerden. Muss sich der Körper jedoch mit der Verdauung herumplagen, dann fühlt man sich schnell müde und unwohl. Mithilfe der köstlichen, anregenden Tees in diesem Kapitel halten Sie Ihr Verdauungssystem in Topform und lindern Beschwerden wie Übelkeit, Verstopfung, Blähungen, Entzündungen und Sodbrennen.

Würziger Rooibos-Chai

„Masala Chai", indischer Gewürztee, der heute auch in der westlichen Welt gut bekannt ist, wärmt von innen und schmeckt köstlich. In diesem Rezept ersetzt Rooibos, auch Rotbusch genannt, den traditionell verwendeten Schwarztee. Das Resultat ist ein leckeres Getränk ohne Teein, das voller Antioxidantien und natürlicher Aromen ist. Es unterstützt die Verdauung, damit Ihre Nahrung optimal verwertet werden kann.

ERGIBT 2 BECHER

2 TL getrockneter Rooibos

1 Zimtstange, zerbrochen

3 schwarze Pfefferkörner

4 getrocknete Gewürznelken

1 TL gehackter getrockneter Ingwer oder 1 Stück (2 cm) frischer Ingwer, geschält und gerieben

1 TL Koriandersamen

3 Kardamomkapseln, leicht zerstoßen

reichlich frisch geriebene Muskatnuss

warme Milch oder Nussmilch

Honig, nach Geschmack

Alle Zutaten außer Milch und Honig mit 650 ml gefiltertem Wasser in einen Topf geben. Bis knapp unter dem Siedepunkt erhitzen, dann die Hitze so weit reduzieren, dass das Wasser nur noch leicht köchelt. Einen dicht schließenden Deckel aufsetzen und alles 10 Minuten sanft weiterköcheln lassen. Vom Herd nehmen, den Gewürztee noch 5 Minuten ziehen lassen, dann durch ein Sieb in zwei Becher gießen. Wenn Sie nur einen Schuss warme Milch oder warme Nussmilch (z. B. Mandelmilch, siehe S. 123) und etwas Honig dazugeben, kommt der Geschmack der Kräuter so richtig zur Geltung. Wenn Sie es lieber traditionell (und ebenfalls sehr wohltuend) mögen, geben Sie 100 ml warme Milch und 1 TL Honig dazu.

Bewegung!

Ab und an leidet jeder an Verstopfung und damit verbunden an Blähungen und Unwohlsein. Trinken Sie diesen Tee vor dem Schlafengehen, und Sie werden am nächsten Morgen wie befreit aufwachen. Medizinalrhabarber und Krauser Ampfer regen die Darmtätigkeit an, der Gemeine Schneeball, Kamille und aromatische Gewürze beugen Schmerzen vor.

ERGIBT 1 BECHER

2 TL gehackte getrocknete Medizinalrhabarberwurzel

1 TL gehackte getrocknete Ampferwurzel

1 TL gehackter getrockneter Gemeiner Schneeball

¼ TL Koriandersamen

¼ TL Anissamen

¼ TL getrocknete, fein gehackte Bio-Orangenschale

1 TL getrocknete Kamillenblüten

Alle Zutaten außer der Kamille mit 325 ml gefiltertem Wasser in einen kleinen Stieltopf geben. Die Mischung bei mittlerer Hitze langsam zum Kochen bringen, dann die Hitze reduzieren und den Tee 5 Minuten köcheln lassen. Den Topf vom Herd nehmen und die Kamillenblüten hineingeben. Einen dicht schließenden Deckel aufsetzen und den Tee 5 Minuten ziehen lassen. Durch ein Sieb in einen Becher gießen.

HEILENDE KRÄUTER

Wenn Sie zu Verstopfung neigen, sollten Sie diesen Tee ein- bis zweimal pro Woche genießen. Damit halten Sie das Problem in Schach.

Nie mehr Übelkeit

Der Ursache von Übelkeit sollt man immer nachgehen, da sie lediglich ein Symptom ist. Dieser Tee bietet Linderung. Er wirkt schonend und hilft auch bei Reisekrankheit, bei nervöser Unruhe und in den ersten Schwangerschaftswochen. Trinken Sie ihn langsam und in kleinen Schlucken, bis sich Besserung einstellt.

ERGIBT 1 TASSE

1 TL getrocknete Schwarznessel

1 Stück (1 cm) frischer Ingwer, geschält und in feine Scheiben geschnitten

1 TL getrocknete Pfefferminze oder 1 kleine Handvoll frische Pfefferminzeblätter

Die Kräuter in eine angewärmte Teekanne geben. In einem Wasserkocher 250 ml gefiltertes Wasser bis knapp unter den Siedepunkt erhitzen, in die Teekanne gießen und den Deckel aufsetzen. Den Tee 5 Minuten ziehen lassen, dann durch ein Sieb in eine Tasse gießen.

EIN GUTER TIPP

Verwechseln Sie die Schwarznessel, auch Stink-Andorn genannt, nicht mit seinem nahen Verwandten, dem schleimlösenden Gemeinen Andorn, den man bei tief sitzendem Husten anwendet.

Nervöser-Magen-Tee

Wenn sich in einer Stresssituation auch noch Magen und Darm melden – eine Folge der Kampf-oder-Flucht-Reaktion des Körpers –, macht das das Ganze noch anstrengender. Bleiben Sie mithilfe dieses Tees leistungsfähig und bei der Sache: Odermennig und Weißdorn wirken adstringierend und der Gemeine Schneeball krampflösend, Grüne Minze, Echtes Eisenkraut und Helmkraut beruhigen die Nerven.

ERGIBT 1 TASSE

1 TL getrocknete Odermennigblätter

1 TL getrocknete Weißdornblätter und -blüten

1 TL gehackter getrockneter Gemeiner Schneeball

1 TL getrocknete Helmkrautblätter

½ TL getrocknete Grüne Minze

½ TL getrocknete Blätter des Echten Eisenkrauts

Alle Kräuter in eine angewärmte Teekanne geben. In einem Wasserkocher 250 ml gefiltertes Wasser bis knapp unter den Siedepunkt erhitzen, in die Teekanne gießen, dann den Deckel aufsetzen. Den Tee 15 Minuten ziehen lassen. Durch ein Sieb in eine Tasse gießen oder abkühlen lassen und in einer Trinkflasche oder einer Thermoskanne mitnehmen, um auch unterwegs den Magen zu beruhigen.

EIN GUTER TIPP

Um noch mehr Tannine freizusetzen – die adstringierenden Inhaltsstoffe in Odermennig und Weißdorn, die bei Durchfall helfen –, verwenden Sie sprudelnd kochendes Wasser und lassen den Tee länger ziehen.

Magenwärmertee

In vielen Kulturen sieht die traditionelle Medizin zu viel feuchte Kälte in der Körpermitte als Verursacher von Darmträgheit. Diese wärmende Mischung aus Kräutern und Gewürzen kurbelt die Verdauungstätigkeit wieder an und erleichtert es dem Körper, die gesunden Nährstoffe aus dem verzehrten Essen zu ziehen.

ERGIBT 2 TASSEN

1 TL Fenchelsamen

1 TL gehackte getrocknete Angelikawurzel

1 TL getrocknete Kamillenblüten

2 Kardamomkapseln

½ TL Dillsamen

¼ TL Kümmelsamen

1 Stück (1 cm) frischer Ingwer, geschält und in feine Scheiben geschnitten

1 Zimtstange, halbiert

2 Sternanis, zum Garnieren

Alle Kräuter außer dem Sternanis in eine große angewärmte Teekanne geben. In einem Wasserkocher 450 ml gefiltertes Wasser bis knapp unter den Siedepunkt erhitzen, in die Teekanne gießen und den Deckel aufsetzen. Den Tee 15 Minuten ziehen lassen, dann durch ein Sieb abgießen. Etwas abkühlen lassen und die Flüssigkeit in zwei vorgewärmte Tassen gießen. Jede Tasse mit einem Sternanis garnieren, sodass er dekorativ an der Oberfläche schwimmt.

HEILENDE KRÄUTER

Sternanis verleiht Essen und Getränken ein angenehmes Aroma. Er wird seit Jahrhunderten in der Kräutermedizin unter anderem zur Vorbeugung und Behandlung von Virus-und Pilzinfektionen eingesetzt.

Darmbesänftiger

Tee muss nicht immer heiß sein! Die Mucilago, der Pflanzenschleim, den auch die Kräuter in diesem Tee produzieren, löst sich auch in kaltem Wasser auf. Es lässt sich also ein wunderbares kaltes Aufgussgetränk herstellen. Der Tee wirkt bei Magen-Darm-Entzündung, Reizdarm und Nahrungsmittelunverträglichkeiten.

ERGIBT 3 KLEINE GLÄSER

1 TL gehackte getrocknete Eibischwurzel
1 TL getrocknete Spitzwegerichblätter
1 TL Süßholzwurzel-Pulver
1 TL Rotulmenrinden-Pulver

Eibischwurzel und Spitzwegerichblätter in einem Mörser grob zerstoßen und mit dem Süßholzwurzel-Pulver vermischen. (Eine saubere Gewürzmühle ist ebenfalls gut geeignet.) Die zerstoßenen Kräuter mit dem Rotulmenrinden-Pulver in eine Glasdose mit Deckel geben, 500 ml gefiltertes Wasser dazugeben. Gut schütteln, über Nacht kühl stellen.

An nächsten Morgen die Mischung durch ein feines Sieb, das mit einem Musselintuch ausgelegt ist, in eine Kanne gießen. Dabei möglichst viel Kräuterwasser aus dem Musselintuch drücken. Den Tee in einer Glasflasche im Kühlschrank aufbewahren, dort hält er sich bis zu 36 Stunden. Vor jeder Mahlzeit ein Glas trinken.

Verdauungstee

Mädesüß ist eine äußerst wohlriechende Pflanze und hilft auch ohne die Unterstützung anderer Kräuter bei Verdauungsstörungen. Doch mit Lindenblüten, Kamille und etwas Pfefferminze zur Linderung von Sodbrennen und Übersäuerung wirkt sie noch stärker. Mit diesem Tee fühlen Sie sich sofort besser.

ERGIBT 2 TASSEN

2 TL getrocknetes Echtes Mädesüß
1 TL getrocknete Lindenblüten
1 TL getrocknete Kamillenblüten
½ TL getrocknete Pfefferminze
2 Minzeblätter, zum Garnieren

Alle Kräuter in eine angewärmte Teekanne geben. In einem Wasserkocher 400 ml gefiltertes Wasser bis knapp unter den Siedepunkt erhitzen, in die Teekanne gießen und den Deckel aufsetzen. Den Tee 10 Minuten ziehen lassen. Durch ein Sieb in zwei Tassen gießen und jede mit 1 Minzeblatt garnieren.

Bitterer Magenfreund

In vielen Ländern wird vor dem Essen ein alkoholhaltiger Aperitif gereicht, um den Appetit und die Magensäfte anzuregen. Diesen Zweck erfüllt auch dieser Tee, ganz ohne Alkohol. Trinken Sie vor dem Essen eine kleine Tasse davon. Für einen Digestif nach dem Essen geben Sie etwas sprudelndes Mineralwasser und Zitronensaft dazu.

ERGIBT 500 ML

1 TL getrockneter Beifuß

1 TL gehackte getrocknete oder frische Bio-Orangenschale

½ TL gehackte getrocknete Wurzel vom Echten Alant

½ TL gehackte getrocknete Angelikawurzel

½ TL Koriandersamen

½ TL gehackte getrocknete Mahonienwurzel

¼ TL getrocknete Lavendelblüten

¼ TL getrockneter Rosmarin

Alle Zutaten mit 500 ml gefiltertem Wasser in einen kleinen Stieltopf geben. Bei mittlerer Hitze langsam bis knapp unter den Siedepunkt erhitzen, dann die Hitze so weit wie möglich reduzieren. Einen Deckel aufsetzen und den Tee 10 Minuten köcheln lassen. Vom Herd nehmen und ganz abkühlen lassen. Durch ein feines Sieb abgießen und in eine Glasflasche umfüllen. Der Tee hält sich im Kühlschrank 2–3 Tage.

HEILENDE KRÄUTER

Mahonienwurzel wird schon lange eingesetzt, um den Abfluss der Galle zu fördern und so die Verdauung anzuregen. Wenn Sie bittere Kräuter und Blattsalate wie Rucola und Chicorée in Ihre Ernährung integrieren, stärken Sie damit Ihre Darmgesundheit.

Diges-Tee

Dieser Tee ist so erfrischend, dass einem das Wasser im Mund zusammenläuft! Er eignet sich perfekt als Abschluss einer größeren Mahlzeit. Die magenberuhigenden Kräuter lindern Blähungen und fördern das Wohlbefinden, sodass einem erholsamen und gesunden Schlaf nichts mehr im Weg steht. Wenn Sie unter Bluthochdruck leiden, sollten Sie jedoch vor dem Genuss von Süßholz Ihren Arzt fragen.

ERGIBT 2 BECHER

2 TL Fenchelsamen

1 TL gehackte getrocknete Süßholzwurzel

½ TL getrocknete Pfefferminze

½ TL getrocknete Zitronenmelisse

1 Kardamomkapsel, leicht zerstoßen

Alle Kräuter in eine angewärmte Teekanne geben. In einem Wasserkocher 600 ml gefiltertes Wasser bis knapp unter den Siedepunkt erhitzen, in die Teekanne gießen und den Deckel aufsetzen. Den Tee 5 Minuten ziehen lassen, dann durch ein Sieb in zwei Becher abgießen.

HEILENDE KRÄUTER

Kardamom hilft gegen diverse Leiden – er lindert Übersäuerung, Blähungen, Verstopfung und Mundgeruch und kann sogar blutdrucksenkend wirken.

Bauchgefühl

Schmerzen und Entzündungen im Magen-Darm-Trakt können vielerlei Ursachen haben: etwa eine Lebensmittelvergiftung, Viren, Lebenmittelunverträglichkeiten oder das Reizdarmsyndrom. Angstgefühle und Stress können – wegen der vielen Nervenzellen im Darm – ebenfalls Verdauungsprobleme hervorrufen. In diesem Tee werden vier Zutaten mit entzündungshemmender Wirkung durch Kräuter unterstützt, die das Nervensystem entspannen. Bei Bluthochdruck oder einer östrogenempfindlichen Krankheit sollten Sie den Tee nicht trinken.

ERGIBT 2 BECHER

1 TL gehackte getrocknete Wilde Yamswurzel

1 TL getrocknete Spitzwegerichblätter

½ TL getrocknete Seidenakazienrinde oder -blüten

1 TL getrocknetes Echtes Mädesüß

½ TL gehackte getrocknete Süßholzwurzel

½ TL getrocknete Zitronenmelisse

½ TL getrocknete Tulsi (Heiliges Basilikum)

Honig, nach Geschmack

Yamswurzel, Spitzwegerich und Seidenakazie in einen Topf geben, 650 ml gefiltertes Wasser dazugießen und alles bis knapp unter den Siedepunkt erhitzen. Den Topf vom Herd nehmen und sofort die übrigen Kräuter hineingeben. Einen dicht schließenden Deckel aufsetzen und alles 10 Minuten ziehen lassen. Den Tee durch ein Sieb in zwei Becher gießen und nach Geschmack mit etwas Honig süßen.

HEILENDE KRÄUTER

Tulsi ist ein äußerst vielseitiges Kraut. Laut Studien kann es das Stresshormon Cortisol im Gleichgewicht halten und Kopfschmerzen lindern. Schon eine Tasse Tulsi-Tee kann den Blutzuckerspiegel regulieren.

Kapitel 3

Auftrieb & Schwung

Kräuter können für außerordentliche Energiekicks sorgen und die Stimmung heben. So kommen Sie geistig auf Hochtouren und bleiben konzentriert. Wenn Sie nach einem anstrengenden Tag, während einer Prüfung, einer Stressphase oder einer Krankheit eine Portion Stärkung oder etwas Ausgeglichenheit brauchen: Die belebenden Tees in diesem Kapitel wirken auf vielen Ebenen – mit ihrer Hilfe werden Sie sich gestärkt den täglichen Anforderungen stellen!

Löwenzahn-„Kaffee"

Wenn Sie morgens einen Kaffee brauchen, um in die Gänge zu kommen – probieren Sie es doch mal mit dieser köstlichen koffeinfreien Alternative, die zudem Leber und Verdauungssystem stärkt. Löwenzahn und Wegwarte sorgen für eine kaffeeähnliche bittere Note, abgerundet durch die würzige Süße von Fenchel, Zimt und Süßholz. Nicht trinken bei Bluthochdruck!

ERGIBT 2 BECHER

2 TL geröstete Löwenzahnwurzel
2 TL geröstete Wegwartenwurzel
½ TL Fenchelsamen
½ TL gehackte getrocknete Süßholzwurzel
2 Zimtstangen, zum Garnieren

Löwenzahn, Wegwarte, Fenchelsamen und Süßholz zusammen mit 600 ml gefiltertem Wasser in einen kleinen Topf geben. Alles bei geringer Hitze langsam zum Köcheln bringen. Den Tee 10 Minuten köcheln lassen, dann durch ein Sieb in zwei Becher gießen. Jeweils 1 Zimtstange zum Umrühren dazugeben.

EIN GUTER TIPP

Sie können Löwenzahn- und Wegwartenwurzel fertig geröstet kaufen oder auch selbst rösten. Dazu kaufen Sie die Wurzeln geschnitten und getrocknet und verteilen sie auf ein Backblech. Im vorgeheizten Backofen 30–40 Minuten bei 150 °C rösten, bis sie gerade tief dunkel gebräunt sind. Achten Sie darauf, dass die Wurzeln nicht verbrennen. Abkühlen lassen, dann luftdicht verschlossen in Glas- oder Metallbehältern aufbewahren.

Gedächtnisstütze

Suchen Sie auch oft Ihre Schlüssel oder stehen in der Küche und wissen nicht mehr, was Sie da wollten? Dann probieren Sie diesen köstlichen Mix zur Gedächtnisstärkung. Viele Zutaten wirken langfristig und können möglicherweise einer Demenz vorbeugen. Trinken Sie eine Tasse täglich, warm oder kalt. Wenn Sie Blutverdünnungsmittel einnehmen, genießen Sie Ginkgo nur nach Absprache mit dem Arzt.

ERGIBT 2 BECHER

1 TL getrockneter Indischer Wassernabel

1 TL getrocknete Zitronenmelisse

1 TL getrocknete Tulsi (Heiliges Basilikum)

1 TL getrocknete Ginkgoblätter

½ TL getrockneter Rosmarin oder 1 frischer kleiner Zweig Rosmarin

¼ TL getrocknete Brahmiblätter (Kleines Fettblatt)

1 Stück (1 cm) frischer Ingwer, in feine Scheiben geschnitten

Die Kräuter in eine angewärmte Teekanne geben und gründlich vermischen. In einem Wasserkocher 600 ml gefiltertes Wasser bis knapp unter den Siedepunkt erhitzen, in die Teekanne gießen und den Deckel aufsetzen. 5 Minuten ziehen lassen, dann durch ein Sieb in zwei Becher gießen. Heiß trinken oder abkühlen lassen.

EIN GUTER TIPP

Das Kleine Fettblatt, im Handel meist als Brahmi zu finden, wird in der ayurvedischen Medizin verwendet. Einigen Studien zufolge kann es die Regeneration von Gehirnzellen anregen und so vor dem Abbau schützen, der mit Alzheimer verbunden ist.

Stärkung nach dem Sport

Genießen Sie diesen belebenden Tee nach dem Training – er sorgt für neue Energie, beruhigt überanstrengte Muskeln und wirkt Entzündungen entgegen. Kurkuma reguliert den Blutzuckerspiegel, Damiana gibt sofortiges Wohlgefühl. Vorsicht: Süßholz kann in großen Mengen Bluthochdruck verschlimmern, und Mädesüß ist nichts für Aspirinallergiker.

ERGIBT 1 TASSE

1 TL getrocknetes Echtes Mädesüß

1 TL gehackte getrocknete Wilde Yamswurzel

1 TL getrocknete Damianablätter

½ TL gehackte getrocknete Süßholzwurzel

⅛ TL gemahlene Kurkuma

Manuka-Honig, nach Geschmack

Die Kräuter mit 200 ml gefiltertem Wasser in einen Topf geben. Bei mittlerer Hitze langsam zum Kochen bringen, die Hitze so weit wie möglich reduzieren, den Deckel aufsetzen und alles 5 Minuten köcheln lassen. Den Tee durch ein Sieb in eine Tasse gießen. Nach Geschmack mit Honig süßen.

HEILENDE KRÄUTER

Manuka-Honig wirkt antiseptisch, antibiotisch und ist ein natürliches Mittel gegen Entzündungen und Schmerzen. Er sollte jedoch mindestens mit dem Qualitätswert UMF 10+ (Unique Manuka Factor, „einzigartiger Manuka-Faktor") gekennzeichnet sein.

Lak-y-minz

Dieser köstliche, erfrischende Tee ist einfach zu jeder Tageszeit perfekt. Die Minze kühlt und wirkt anregend, während das Süßholz einen Energieschub gibt und die Nerven stärkt. Vermeiden Sie den Tee bei Bluthochdruck.

ERGIBT 1 TASSE

1 TL Pfefferminze, frisch oder getrocknet

1 TL Grüne Minze, frisch oder getrocknet

½ TL gehackte getrocknete Süßholzwurzel

1 Minzeblatt, zum Garnieren

In einem Wasserkocher 200 ml gefiltertes Wasser bis knapp unter den Siedepunkt erhitzen. Die Kräuter in ein großes Tee-Ei geben, dieses in eine Tasse hängen und das Wasser darübergießen. 5 Minuten ziehen lassen, mit dem Minzeblatt garniert genießen.

EIN GUTER TIPP

Der Tee schmeckt auch gekühlt. Da Süßholz und Minze gut für die Verdauung sind, wirkt er gegen Blähungen und Völlegefühl.

Auf-geht's-mit-Elan!-Tee

Ein wunderbar erfrischender Morgentee! Immer wenn Sie einen Energieschub brauchen, sollten Sie sich eine Tasse gönnen. Damiana, Sarsaparille und Taigawurzel (Sibirischer Ginseng) schärfen den Verstand, während Pfefferminze und Zitronengras schwungvoll die Sinne wecken.

ERGIBT 1 GROSSEN BECHER

1 TL getrocknete Damianablätter

1 TL getrocknete Sarsaparille

1 TL getrocknete Taigawurzel (Sibirischer Ginseng)

1 TL getrocknetes Zitronengras oder 1 Stück (2 cm) frisches Zitronengras, zerdrückt

½ TL getrocknete Pfefferminze

In einem Wasserkocher 300 ml gefiltertes Wasser bis knapp unter den Siedepunkt erhitzen. Alle Kräuter in ein großes Tee-Ei geben, dieses in einen großen Becher hängen und mit dem heißen Wasser übergießen. 10 Minuten ziehen lassen, dabei immer wieder das Tee-Ei im Wasser schwenken. Den Tee durch ein Sieb in einen Becher gießen und heiß oder kalt trinken.

EIN GUTER TIPP

Trinken Sie diesen Tee bei Jetlag. Zu Sowjetzeiten nutzten die russischen Kosmonauten Taigawurzel (Sibirischen Ginseng) gegen Müdigkeit und für längere Ausdauer!

Studiertee

Diese gedächtnisfördernde Mischung sollten Sie in die Tasche packen, bevor Sie zur Uni fahren. Ginkgo und Rosmarin für das Gedächtnis, Damiana und Ingwer für optimale Konzentration und Helmkraut, damit Sie ruhig, aber gleichzeitig hellwach sind – mit diesem Tee wird Ihr Verstand zur Höchstform auflaufen! Allerdings sollten Sie davon Abstand nehmen, wenn Sie unter Bluthochdruck leiden und/oder Blutverdünnungsmittel einnehmen.

ERGIBT 1 BECHER

1 TL getrocknete Damianablätter

1 TL getrocknete Ginkgoblätter

½ TL getrocknete Helmkrautblätter

½ TL getrockneter Rosmarin

¼ TL getrockneter Ingwer oder
1 Stück (1 cm) frischer Ingwer, gehackt

Die Kräuter in eine angewärmte Teekanne geben. Einen Wasserkocher mit 300 ml frisch gefiltertem Wasser bis knapp unter den Siedepunkt erhitzen. Das heiße Wassser in die Teekanne gießen und den Deckel aufsetzen. Den Tee 5–10 Minuten ziehen lassen, dann durch ein Sieb in einen Becher gießen. Heiß oder kalt trinken.

EIN GUTER TIPP

Trinken Sie diesen Tee in der Vorbereitungszeit auf eine Prüfung. Nehmen Sie dann am Prüfungstag eine Flasche mit dem kalten Tee mit. Der Duft und der Geschmack versetzen Ihr Unterbewusstsein wieder in die Zeit der Vorbereitung, sodass Sie sich leichter an das Gelernte erinnern.

Echt cool!

Wenn die Temperaturen steigen und Ihnen der Sinn nach etwas Leichtem und Erfrischendem steht, bereiten Sie diesen gekühlten Tee zu. Die Kräuter lassen sich problemlos im Garten oder auf dem Fensterbrett anpflanzen und nach Bedarf für diesen köstlichen Aufguss ernten.

ERGIBT 2 GROSSE GLÄSER

2 TL frische gehackte Grüne Minze

2 TL getrocknete oder frische Holunderblüten

1 TL frischer gehackter Salbei

1 TL gehackte getrocknete Duftveilchenblätter

1 Prise frische oder getrocknete Lavendelblüten

Eiswürfel, zum Servieren

2 Zitronenscheiben

2 Zweige frischer Lavendel

Die Kräuter in eine angewärmte Teekanne geben. In einem Wasserkocher 600 ml gefiltertes Wasser bis knapp unter den Siedepunkt erhitzen. Das heiße Wasser in die Teekanne gießen und den Deckel aufsetzen. 20 Minuten ziehen lassen, dann den Tee durch ein Sieb in eine Glaskanne gießen und komplett abkühlen lassen. Im Kühlschrank aufbewahren. Zum Servieren in zwei hohe Gläser mit Eis füllen und jedes mit 1 Zitronenscheibe und 1 Lavendelzweig garnieren.

EIN GUTER TIPP

In kaltem Tee treten die Geschmacksnuancen nicht so deutlich hervor, daher sollte man, wie in diesem Rezept, größere Kräutermengen verwenden und den Tee länger ziehen lassen als üblich.

Ich-bin-Mama-Tee

Mutter zu werden ist aufregend, lebensverändernd – und nicht nur ein bisschen anstrengend! Dieser Tee stärkt Sie und Ihr Baby: mit Fenchel und Bockshornklee zur Förderung der Milchbildung, Brennnessel für reichlich lebenswichtige Mineralien, Himbeerblätter zur Rückbildung Ihrer Gebärmutter und Pfefferminze für eine gesunde Verdauung. Fenchel wirkt durch die Muttermilch auf Ihr Baby und lindert so Koliken und Blähungen. Legen Sie die Füße hoch, und trinken Sie ganz entspannt diesen Tee, während Ihr Baby schläft.

ERGIBT 1 BECHER

2 TL Fenchelsamen
1 TL Bockshornkleesamen
1 TL getrocknete Himbeerblätter
1 TL getrocknete Brennnesselblätter
½ TL getrocknete Pfefferminze

Alle Kräuter in eine angewärmte Teekanne geben. In einem Wasserkocher 300 ml gefiltertes Wasser bis knapp unter den Siedepunkt erhitzen. Das heiße Wasser in die Teekanne gießen und den Deckel aufsetzen. Den Tee 5–10 Minuten ziehen lassen, dann durch ein Sieb in einen Becher gießen.

EIN GUTER TIPP

Nach der Geburt wird eine junge Mutter von ihrem Neugeborenen ganz schön auf Trab gehalten. Damit Sie den Tee stets parat haben, rechnen Sie die Kräutermengen im Rezept hoch und stellen die Mischung auf Vorrat zusammen, bevor Ihr Baby zur Welt kommt. In einem hübsch dekorierten Schraubglas ist der Tee auch ein schönes Geschenk zur Babyparty. Versehen Sie das Glas mit einem Etikett zu Inhalt und Zubereitung: Pro Tasse kochendes Wasser sollten 1–2 Teelöffel Kräuter verwendet werden.

Gelenketee

Dieser Tee enthält eine Mischung aus entzündungshemmenden Kräutern, die Beschwerden durch geschwollene, schmerzende Gelenke lindern helfen. Hagebutten und Echtes Mädesüß runden die kräftigen Noten von Kurkuma und Weidenrinde ab. Trinken Sie den Tee nicht, wenn Sie allergisch auf Aspirin reagieren.

ERGIBT 1 BECHER

1 TL getrocknete Hagebutten

1 TL getrocknetes Echtes Mädesüß

1 TL getrocknete Weidenrinde

1 TL getrocknete Teufelskralle

¼ TL gemahlene Kurkuma

¼ TL Selleriesamen

Honig, nach Geschmack

Alle Kräuter mit 300 ml gefiltertem Wasser in einen kleinen Stieltopf geben. Alles bis knapp unter den Siedepunkt erhitzen, dann die Hitze reduzieren und das Ganze 5 Minuten köcheln lassen. Den Topf vom Herd nehmen, den Tee etwas abkühlen lassen, dann durch ein feines Sieb in einen Becher gießen. Nach Geschmack mit etwas Honig süßen.

Blutzucker-Regulierer

Das allseits gefürchtete Leistungstief am Nachmittag ist eine Folge des Blutzuckeranstiegs nach dem Mittagessen. Nach der Mahlzeit sackt der Blutzuckerspiegel ab. Das führt zu Reizbarkeit, Konzentrationsschwäche und Müdigkeit. Eine ausgewogene Ernährung kann helfen. Doch wenn Sie dem Kuchen einfach nicht widerstehen können, gleicht dieser Tee das schnell wieder aus. Trinken Sie eine bis zwei Tassen, idealerweise mit einem kleinen proteinreichen Snack wie Nüssen oder einem Sesamriegel. Sollten Sie allerdings Medikamente gegen Diabetes einnehmen, befragen Sie dazu vorher einen Kräuter- oder Gesundheitsexperten.

ERGIBT 1 TASSE

1 TL getrocknete Taigawurzel (Sibirischer Ginseng)

1 Zimtstange, in 2–3 Stücke gebrochen

1 TL getrocknete Geißraute

1 TL getrocknete Tulsi (Heiliges Basilikum)

In einem Mörser Taigawurzel und Zimt grob zerstoßen, dann mit den anderen Kräutern vermischen und in eine angewärmte Teekanne geben. In einem Wasserkocher 200 ml gefiltertes Wasser bis knapp unter den Siedepunkt erhitzen. Das heiße Wasser in die Teekanne gießen und den Deckel aufsetzen. Den Tee 10 Minuten ziehen lassen, dann durch ein Sieb in eine Tasse gießen.

HEILENDE KRÄUTER

Geißraute wird oft neben den üblichen Medikamenten bei Typ-2-Diabetes angewendet.

Kapitel 4

Ruhe & Gelassenheit

Im Alltag gibt es oft nicht viele Gelegenheiten, um zu entspannen und Ruhe für Körper, Geist und Seele zu finden. Die Tees in diesem Kapitel schenken Ihnen Gelassenheit und bringen Sie in Ihre Mitte. Sie sorgen für tiefe Entspannung sowie erholsamen Schlaf, lindern Schmerzen, emotionale Turbulenzen, Angstgefühle und Hormonschwankungen. Die Tees bringen Ihnen mehr Elan, geistige Frische und geben Ihnen mit ihrer heilsamen Wirkung die so wichtige Gemütsruhe.

Lässige Zitrone

Eine wahre Wohltat ist dieser beruhigende Tee mit seiner zitronig-frischen Note, der sowohl warm als auch eisgekühlt schmeckt. Jedes einzelne der aromatischen Kräuter wirkt beruhigend. Insbesondere Lindenblüten haben sich in Studien als beruhigend und entspannungsfördernd erwiesen.

ERGIBT 2 TASSEN

1 TL getrocknete Zitronenverbene

1 TL getrocknete Lindenblüten

1 TL getrocknete Zitronenmelisse

1 TL getrocknete Helmkrautblätter

½ TL getrocknetes Zitronengras

Saft von ½ Zitrone

2 Blätter frische Zitronenmelisse, zum Garnieren

Die Kräuter in eine angewärmte Teekanne geben. In einem Wasserkocher 400 ml frisch gefiltertes Wasser bis knapp unter den Siedepunkt erhitzen. Das heiße Wasser in die Teekanne gießen und den Deckel aufsetzen. Alles 10 Minuten ziehen lassen, dann den Zitronensaft einrühren und den Tee durch ein Sieb in zwei Tassen gießen. Jede Tasse mit 1 Blatt Zitronenmelisse garniert servieren.

EIN GUTER TIPP

Wenn Sie Helmkraut kaufen, wählen Sie die Sorte laterifolia *(Seitenblütiges oder Blaues Helmkraut). Baikal-Helmkraut ist eng verwandt, hat aber nicht die gleiche beruhigende Wirkung.*

Süßer-Schlaf-Tee

Wie ein Wiegenlied wirkt diese süße Mischung aus schlaffördernden Kräutern auf Körper, Geist und Seele. Trinken Sie eine Stunde vor dem Zubettgehen eine Tasse, dann können die Kräuter ihre Magie entfalten, bevor Ihr Kopf das Kissen berührt. Lassen Sie bei Depressionen oder einer östrogenempfindlichen Krankheit den Hopfen weg.

ERGIBT 1 GROSSEN BECHER

1 TL getrocknete Kamillenblüten

1 TL getrocknete Lindenblüten

½ TL getrocknete Echte Katzenminzeblätter

½ TL getrocknete Passionsblume

¼ TL getrocknete Hopfenblüten

1 Prise getrocknete Lavendelblüten

1 Stück Bio-Orangenschale

In einem Wasserkocher gefiltertes Wasser bis knapp unter den Siedepunkt erhitzen. Die Kräuter und die Orangenschale in ein großes Tee-Ei geben, dieses in einen großen Becher hängen. Den Becher mit dem heißen Wasser auffüllen und 5 Minuten ziehen lassen, dann das Tee-Ei herausnehmen.

EIN GUTER TIPP

Diesen wohltuenden Tee sollte man jeden Abend trinken. Da lohnt es sich, eine größere Menge der Kräuter in einem luftdicht verschließbaren Glas auf Lager zu haben. Nehmen Sie für eine Betthupferl-Teekanne 3 Teelöffel der Kräuter.

Traumtee

Viele Menschen sehen in ihren Träumen Botschaften des Unterbewusstseins und schreiben sie auf, um einen tieferen Einblick in ihr Leben zu gewinnen. Beifuß wird schon lange mit luzidem Träumen in Verbindung gebracht – Träume sollen nach dem Genuss des Krauts intensiver sein und besser im Gedächtnis bleiben. Weil Beifuß bitter schmeckt, wird er hier mit süßeren Kräutern kombiniert, die den Geist beruhigen und öffnen. Trinken Sie den Tee vor dem Schlafengehen, und legen Sie schon mal Traumtagebuch und Stift neben das Bett …

ERGIBT 1 TASSE

1 TL getrocknete oder frische Lindenblüten

1 TL getrocknete Wiesenkleeblüten

½ TL getrockneter Goldmohn (Kalifornischer Mohn)

½ TL getrockneter Beifuß

½ TL Anis

½ TL getrocknete oder frische Jasminblüten

1 Prise Lavendelblüten

Wildblütenhonig, nach Geschmack

In einem Wasserkocher gefiltertes Wasser bis knapp unter den Siedepunkt erhitzen. Die Kräuter in ein Tee-Ei geben und in eine Tasse hängen. Die Tasse mit dem heißen gefilterten Wasser auffüllen und den Tee 5–10 Minuten ziehen lassen. Nach Geschmack mit Wildblütenhonig süßen.

HEILENDE KRÄUTER

Laut einer alten Überlieferung fördert ein frisches Beifußblatt unter dem Kopfkissen luzide Träume.

Bon Courage!

Dieser großartige Tee stärkt die Entschlossenheit und gibt Ihnen eine Extraportion Mut, wenn Sie vor Herausforderungen stehen. Schon ein altes römisches Sprichwort sagte: „Ich, Borretsch, bringe immer Freude." Die Ritter im Mittelalter hatten die wunderschöne blaue Borretschblüte an ihr Gewand gestickt. Beifuß wird auch mit der griechischen Göttin Artemis assoziiert. Frauenmantel soll Schutz bieten, Zitronenmelisse und Helmkraut vertreiben Panikgefühle und Furcht.

ERGIBT 1 BECHER

1 TL getrocknete Helmkrautblätter

1 TL getrocknete Zitronenmelisse

½ TL getrocknete Borretschblüten (wenn Blüten nicht verfügbar sind, wirken auch die Blätter gut)

½ TL getrockneter Frauenmantel

¼ TL getrockneter Beifuß

Die Kräuter in eine kleine angewärmte Teekanne geben. In einem Wasserkocher 300 ml gefiltertes Wasser bis knapp unter den Siedepunkt erhitzen. Das heiße Wasser in die Teekanne gießen und den Deckel aufsetzen. Den Tee 10 Minuten ziehen lassen, dann durch ein Sieb in einen Becher gießen.

EIN GUTER TIPP

Bezwingen Sie Ihre Furcht vor einer Situation – nehmen Sie zukünftig ein Fläschchen mit diesem gekühlten Tee mit, um bei Bedarf davon zu trinken. Verdoppeln Sie die Kräutermengen, sodass der Tee konzentrierter ist. Dann haben schon kleine Schlucke eine große Wirkung.

PMS-Tee

Erste Hilfe bei Reizbarkeit, Blähungen und anderen prämenstruellen Beschwerden bietet diese stärkende Mischung: Zitronenmelisse hebt die Stimmung, Löwenzahn entwässert, Frauenmantel tut Körper und Seele wohl, und Brennnessel versorgt mit lebenswichtigen Mineralien. Trinken Sie eine bis zwei Tassen, wenn Sie die ersten Symptome bemerken, und bis zu vier Tassen täglich, solange die Beschwerden anhalten.

ERGIBT 500 ML

1 TL getrocknete Zitronenmelisse

1 TL getrocknete Löwenzahnblätter

1 TL getrockneter Frauenmantel

1 TL getrocknete Brennnesselblätter

Die Kräuter in eine angewärmte Teekanne geben. In einem Wasserkocher 500 ml gefiltertes Wasser bis knapp unter den Siedepunkt erhitzen. Das heiße Wasser in die Teekanne gießen und den Deckel aufsetzen. Den Tee 10 Minuten ziehen lassen, dann durch ein Sieb abgießen.

Monatliche Magie

Wenn Sie während der Regel von Menstruationskrämpfen geplagt werden, kann dieser Tee helfen. Krampflösender Gemeiner Schneeball und Fischrinde entspannen die Muskulatur, Frauenmantel sorgt für Ausgeglichenheit. Der Ingwer beschleunigt die Wirkung.

ERGIBT 500 ML

3 TL gehackter getrockneter Gemeiner Schneeball

1 TL getrockneter Frauenmantel

1 TL getrocknete Fischrinde

1 Scheibe (0,5 cm) frischer Ingwer, geschält und in feine Streifen geschnitten

Manuka-Honig, nach Geschmack

Alle Kräuter mit 500 ml gefiltertem Wasser in einen kleinen Topf geben. Bei mittlerer Hitze langsam zum Kochen bringen, dann einen dicht schließenden Deckel aufsetzen, die Hitze reduzieren und alles 10 Minuten köcheln lassen. Den Tee vom Herd nehmen, 3–5 Minuten ziehen lassen, durch ein Sieb abgießen und alle paar Stunden ein kleines Glas davon trinken (je nach Vorliebe kalt oder aufgewärmt), nach Geschmack mit Honig gesüßt.

EIN GUTER TIPP

Falls Sie einen regelmäßigen Zyklus mit Schmerzen haben, beginnen Sie bereits einen Tag, bevor Ihre Periode einsetzt. Trinken Sie dann über 3–5 Tage je zwei bis drei Tassen.

Ruhespender

Schaffen Sie sich durch diesen exquisiten Tee mitten am Tag eine Oase der Ruhe. Mit Hafer, Passionsblume und Helmkraut, um innerlich abzuschalten, sowie mit Rosen, Tulsi und Zitronenmelisse, die die Stimmung heben, werden Sie pure Entspannung erleben, wie sie im Alltag nur schwer zu finden ist.

ERGIBT 1 BECHER

1 TL getrocknete Hafersamen

1 TL getrocknete Passionsblume

1 TL getrocknete Zitronenmelisse

½ TL getrocknete Tulsi (Heiliges Basilikum)

½ TL getrocknete Helmkrautblätter

¼ TL getrocknete zerstoßene Rosenblütenblätter oder 3–4 frische rote oder pinkfarbene Rosenblütenblätter

Die Hafersamen in einem Mörser leicht zerstoßen, mit den übrigen Kräutern vermischen und in eine angewärmte Teekanne geben. In einem Wasserkocher 300 ml gefiltertes Wasser bis knapp unter den Siedepunkt erhitzen. Das heiße Wasser in die Teekanne gießen und den Deckel aufsetzen. Den Tee 3–5 Minuten ziehen lassen, dann durch ein Sieb in einen Becher gießen.

HEILENDE KRÄUTER

Hafersamen sind wunderbar zur Vorbeugung und Behandlung von Stresssymptomen geeignet. Sie beruhigen die Nerven, verbessern die Gehirntätigkeit und steigern die Abwehrkräfte.

Alles im Kopf

Beruhigender, duftender Lavendel, kreislaufanregender Rosmarin und wohlriechende, stimmungsaufhellende Zitronenmelisse – dieser Tee ist ideal zur Linderung von Kopfschmerzen und Stresssymptomen. Zudem schafft er die richtige Stimmung für totale Entspannung. Er schmeckt auch kalt, mit einem frischen Zweig Zitronenmelisse garniert.

ERGIBT 1 TASSE

1 TL frischer Rosmarin

1 TL getrocknete Zitronenmelisse

¼ TL Lavendelblüten

Manuka-Honig, nach Geschmack

Die Kräuter in eine große angewärmte Teekanne geben. In einem Wasserkocher 200 ml gefiltertes Wasser bis knapp unter den Siedepunkt erhitzen. Das heiße Wasser in die Teekanne gießen. 3–5 Minuten ziehen lassen, dabei immer wieder die Kräuter in der Kanne schwenken. Durch ein Sieb in eine Tasse gießen, nach Geschmack mit Honig süßen.

Anti-Kopfschmerz-Tee

Wenn Sie tagsüber nicht zum Atemholen gekommen sind und Ihr Kopf zu zerspringen droht, ist dieser Tee perfekt. Kamille nimmt den Druck von Nacken und Schultern, die traditionellen Kopfwehmittel Echte Betonie, Mutterkraut und Rosmarin lassen Sie wieder klar denken. Legen Sie die Füße hoch und trinken Sie zwei, drei Tassen – die Schmerzen lösen sich sanft in nichts auf, Ausgeglichenheit und Frieden stellen sich bald ein.

ERGIBT 1 BECHER

2 TL getrocknete Kamillenblüten

2 TL getrocknete Echte Betonie

½ TL getrocknete Grüne Minze

¼ TL getrockneter Rosmarin

¼ TL getrocknetes Mutterkraut

Alle Kräuter in eine kleine angewärmte Teekanne geben. In einem Wasserkocher 300 ml gefiltertes Wasser bis knapp unter den Siedepunkt erhitzen. Das heiße Wasser in die Teekanne gießen und den Deckel aufsetzen. 10 Minuten ziehen lassen, dann durch ein Sieb in einen Becher gießen.

HEILENDE KRÄUTER

Mutterkraut wird traditionell bei Migräne verwendet. Nehmen Sie jeden Tag ein wenig, dann verschwindet sie vielleicht irgendwann für immer!

Wechseljahretee

Diese wirkkräftige Mischung kann täglich genossen werden, um die Herausforderungen der Lebensmitte zu meistern. Mönchspfeffer ist für seine hormonregulierende Wirkung geschätzt, und die Shatavari-Wurzel ist in der ayurvedischen Medizin das klassische Frauenkraut. Mit Salbei und Traubensilberkerze bleiben Sie gelassen, Johanniskraut und Rosenblätter sind ideal zur Behandlung von Stimmungsschwankungen. Trinken Sie täglich eine bis zwei Tassen, sobald Sie die ersten Anzeichen der Wechseljahre spüren. Sie sollten ihn aber nicht trinken, wenn Sie Antidepressiva einnehmen.

ERGIBT 2 TASSEN

1 TL getrockneter Mönchspfeffer

2 TL gehackte getrocknete Shatavari-Wurzel

1 TL getrocknete Traubensilberkerze

2 TL getrockneter Salbei

½ TL getrocknetes Johanniskraut

einige frische oder ¼ TL getrocknete zerriebene Rosenblütenblätter

In einem Mörser Mönchspfeffer, Shatavari-Wurzel und Traubensilberkerze leicht zerdrücken und zusammen mit 400 ml gefiltertem Wasser in einen Stieltopf geben. Bei mittlerer Hitze langsam zum Kochen bringen. Wenn die ersten Blasen aufsteigen, die Hitze reduzieren und alles 5 Minuten ganz sanft köcheln lassen. Den Topf vom Herd nehmen und sofort Salbei, Johanniskraut und Rosenblütenblätter hineingeben. Den Deckel aufsetzen, den Tee 5 Minuten ziehen lassen, dann durch ein Sieb in zwei Tassen gießen.

EIN GUTER TIPP

Wenn Heißgetränke Ihre Hitzewallungen und Ihre nächtlichen Schweißausbrüche noch verschlimmern, trinken Sie diesen Tee gekühlt und auf Eis. Geben Sie für eine intensivere Farbe und zusätzliche Nährstoffe frische Beeren dazu.

Ist es warm hier?

Ist Ihnen heiß, und Sie fühlen sich unwohl? Diesen Tee trinken Sie am besten gekühlt, um die Hitzewallungen der Wechseljahre gut zu überstehen. Salbei kühlt und wirkt trocken, während Herzgespann das Herzklopfen lindert, das häufig damit einhergeht. Trinken Sie abends und immer wenn Sie eine Erfrischung brauchen, eine Tasse. Wenn Sie den kalten Tee in einer Flasche dabeihaben, können Sie sich unterwegs jederzeit Abhilfe schaffen.

ERGIBT 1 BECHER

2 TL getrockneter Salbei

2 TL getrockneter Wiesenklee

1 TL getrocknetes Herzgespann

1 TL getrocknete Zitronenverbene

Honig, nach Geschmack

Alle Kräuter in eine angewärmte große Teekanne geben. In einem Wasserkocher 300 ml gefiltertes Wasser bis knapp unter den Siedepunkt erhitzen. Das heiße Wasser in die Teekanne gießen und den Deckel aufsetzen. 10 Minuten oder auch länger ziehen lassen, dann durch ein Sieb abgießen und nach Geschmack mit Honig süßen. Abkühlen lassen und bis zu 2 Tage im Kühlschrank aufbewahren.

Kapitel 5

Stärke & Schutz

Mit wohltuenden Kräutern, die das Immunsystem und Nebennieren unterstützen, wehren diese köstlichen Tees nicht nur Krankheitserreger ab, sie halten Sie auch – gerade zur Erkältungszeit und in stressigen Phasen – bei guter Gesundheit. Und falls Sie doch eine Erkältung erwischt, finden Sie hier Tees, die Ihre Beschwerden lindern und Sie wieder in Topform bringen. Viele Kräuter in diesem Kapitel sind Adaptogene (siehe S. 93): Sie wirken entweder anregend oder beruhigend, je nachdem, was der Körper gerade braucht.

Immuni-Tee

Eine Tasse täglich von diesem feinen Tee stärkt auf angenehme Weise Ihr Immunsystem. Er enthält Holunderbeeren und Thymian, beide reich an Antioxidantien, Mongolischen Tragant, der die Abwehrkräfte stärkt, sowie Süßholz und Zitronenmelisse, die Viren bekämpfen. Vermeiden Sie den Tee, wenn Sie unter hohem Blutdruck leiden, da Süßholz diesen noch verstärken kann.

ERGIBT 1 BECHER

2 TL getrocknete Holunderbeeren

2 TL gehackte getrocknete Tragantwurzel

½ TL gehackte getrocknete Süßholzwurzel

1 TL getrocknete oder frische Zitronenmelisse (frische Blätter haben eine stärkere antivirale Wirkung)

½ TL getrockneter Thymian oder die Blättchen von 2 kleinen Thymianzweigen

Honig, nach Geschmack

Holunderbeeren, Tragant- und Süßholzwurzel mit 350 ml gefiltertem Wasser in einen kleinen Topf geben. Langsam bis knapp unter den Siedepunkt erhitzen, dann die Hitze reduzieren und 3–5 Minuten köcheln lassen. Den Topf vom Herd nehmen und sofort Zitronenmelisse und Thymian hineingeben. Den Deckel aufsetzen, den Tee 5 Minuten ziehen lassen. Durch ein Sieb in einen Becher gießen und nach Geschmack mit etwas Honig süßen.

HEILENDE KRÄUTER

Sonnenhut (Echinacea) ist die bekannteste immunstärkende Pflanze. In diesem Tee ist sie nicht enthalten. Sie wirkt am besten kurz vor oder während einer Virusinfektion.

Pendlerschutz

Vollgepackt mit Vitamin C, Holunderbeeren sowie Zimt, Sonnenhut (Echinacea) und Salbei, die alle antibakteriell wirken, wärmt dieser Tee an kalten Wintertagen und schützt Sie vor Erkältungsviren. Wenn Sie es süß mögen, können Sie Honig dazugeben. Allerdings verleihen bereits Beeren und Zimt eine ganz besondere Süße.

ERGIBT 1 GROSSEN BECHER

1 TL getrocknete Hagebutten

½ TL getrocknete Holunderbeeren

½ TL gehackte getrocknete Sonnenhutwurzel (Echinaceawurzel)

¼ TL getrockneter Zimt (gehackte Zimtrinde oder ⅛ Zimtstange)

¼ TL getrockneter Salbei oder einige frische Blätter

Die Kräuter mischen und in ein Tee-Ei geben, dieses in einen großen Becher hängen. In einem Wasserkocher gefiltertes Wasser bis knapp unter den Siedepunkt erhitzen. Den Becher mit dem heißen Wasser auffüllen, das Tee-Ei darin schwenken. Den Tee mindestens 10 Minuten ziehen lassen, sodass die Beeren weich werden und ihre wertvollen Inhaltsstoffe an das Wasser abgeben. Das Tee-Ei herausnehmen.

EIN GUTER TIPP

Nehmen Sie im Winter stets eine Thermoskanne mit diesem dampfend heißen Tee mit, und genießen Sie ihn, wenn Sie morgens zwischen hustenden und niesenden Mitreisenden in der Bahn sitzen.

Winterwärmer

Schützen Sie sich mit diesem stärkenden Tee vor der winterlichen Kälte und Erkältungen. Der süße, sanft würzige Geschmack kommt von Ingwer, Zimt, Süßholz, Pfefferminze und Sternanis, die nebenbei die Abwehrkräfte beflügeln, während Sonnenhut dem Immunsystem einen kräftigen Kick gibt. Bei Bluthochdruck sollten Sie den Tee meiden.

ERGIBT 1 BECHER

1 TL gehackte getrocknete Sonnenhutwurzel (Echinaceawurzel)

1 TL getrocknete Pfefferminze

1 Stück (1 cm) getrocknete Süßholzwurzel

1 Stück (1 cm) frischer Ingwer, geschält und in dünne Scheiben geschnitten

1 Sternanis

Manuka-Honig, nach Geschmack

1 Stück Zimtstange (5 cm), zum Garnieren

Kräuter und Gewürze in eine große angewärmte Teekanne geben. In einem Wasserkocher 300 ml gefiltertes Wasser bis knapp unter den Siedepunkt erhitzen. Das heiße Wasser in die Teekanne gießen und den Deckel aufsetzen. Den Tee 5–10 Minuten ziehen lassen, dabei immer wieder kurz umrühren. Dann durch ein Sieb in einen Becher gießen und nach Geschmack mit Honig süßen. Mit 1 Zimtstange garnieren – das perfekte Stäbchen zum Umrühren mit zusätzlichem Aromakick.

Hat-schi!-Tee

Sommertage sollte man mit guten Freunden draußen genießen. Wenn der Ausflug in den Park Sie schniefen und niesen lässt, probieren Sie diesen erfrischenden Tee: Mit ihm können Sie wieder durchs hohe Gras tanzen. Alle Kräuter regulieren das Immunsystem und halten Heuschnupfen in Schach. Trinken Sie ihn heiß oder kalt.

ERGIBT 2 TASSEN

1 TL getrocknete Holunderblüten

1 TL getrocknete Brennnesselblätter

1 TL getrockneter Augentrost

½ TL getrocknete Echte Goldrute

¼ TL getrocknete Grüne Minze oder einige frische Blätter, leicht zerstoßen

2 Zitronenscheiben, zum Garnieren

Alle Kräuter in eine angewärmte Teekanne geben. In einem Wasserkocher 400 ml gefiltertes Wasser bis knapp unter den Siedepunkt erhitzen. Das heiße Wasser in die Teekanne gießen und den Deckel aufsetzen. Den Tee 5–10 Minuten ziehen lassen, dann durch ein Sieb in zwei Tassen gießen und jede mit 1 Zitronenscheibe garnieren.

Löwenherz-Tee

Die Kräuter in diesem Tee kennt die Kräutermedizin als Schutz und Stärkung für Herz und Blutgefäße. Weißdorn hilft bei Herzleiden in einer frühen Phase und hält den Kreislauf gesund. Er wirkt bei Angina Pectoris, Bluthochdruck und gilt allgemein als herzstärkend. Jeden Tag eine Tasse – davon profitieren vor allem ältere Herrschaften.

ERGIBT 1 BECHER

2 TL getrocknete Weißdornblätter und -blüten

2 TL getrocknete Lindenblüten

2 TL getrocknetes Herzgespann

1 TL getrocknete Schafgarbe

Die Kräuter in eine angewärmte Teekanne geben. In einem Wasserkocher 300 ml gefiltertes Wasser bis knapp unter den Siedepunkt erhitzen. Das heiße Wasser in die Teekanne gießen und den Deckel aufsetzen. Den Tee 10 Minuten ziehen lassen, damit die getrockneten Beeren weich werden und etwas aufquellen. Wenn Sie sie mit einer Gabel oder einem Löffel leicht gegen den Rand der Teekanne drücken, erhalten Sie ein Maximum an Aroma und Heilwirkung. Durch ein Sieb in einen Becher gießen und heiß genießen.

HEILENDE KRÄUTER

Viele Menschen vertrauen bei Herzleiden und Bluthochdruck auf Weißdorn. Beachten Sie aber unbedingt, dass beides ernsthafte Erkrankungen sind. Suchen Sie immer einen Arzt auf, bevor Sie sich selbst therapieren.

Adaptogenialer Tee

Adaptogene sind Kräuter, die Körper und Seele widerstandsfähiger gegen Stress machen. Sie enthalten entspannende bzw. stärkende Stoffe, je nachdem, was gerade vonnöten ist. Eine solche Mischung hilft, mit Stresssituationen angemessen umzugehen, bevor Erschöpfung droht. Der Tee verträgt eine längere Ziehzeit – so kann die harte Wurzel ihre Wirkstoffe freigeben. Sie können die Wurzel auch vorab im Mörser zerstoßen. Meiden Sie den Tee bei Schilddrüsenüberfunktion und Bluthochdruck.

ERGIBT 2 TASSEN

1 TL gehackte getrocknete Ashwagandha-Wurzel (Schlafbeere)

½ TL gehackte getrocknete Süßholzwurzel

1 TL gehackte getrocknete Rosenwurzwurzel

1 TL getrockneter Indischer Wassernabel

¼ TL gehackter getrockneter Ingwer oder 1 Stück (0,5 cm) frischer Ingwer, gehackt

Milch oder Mandelmilch, nach Geschmack

In einem Mörser die Kräuter zerstoßen und in eine angewärmte Teekanne geben. In einem Wasserkocher 400 ml gefiltertes Wasser bis knapp unter den Siedepunkt erhitzen. Das heiße Wasser in die Teekanne gießen und den Deckel aufsetzen. Den Tee mindestens 10 Minuten ziehen lassen, dann durch ein Sieb in zwei Tassen gießen. Je nach Geschmack können Sie ihn pur oder mit etwas Milch oder Mandelmilch genießen.

HEILENDE KRÄUTER

Ashwagandha ist auch als Schlafbeere oder Indischer Ginseng bekannt. Das Kraut wird in Indien in Milch oder Ghee gekocht, denn die Fette helfen, seine wertvollen Inhaltsstoffe freizusetzen.

Wohltuender Hustentee

Die vielseitige Mischung kann als Tee oder, vermischt mit einer größeren Menge Honig, als Hustensaft verwendet werden. Dieser hält sich einige Tage im Kühlschrank und lindert tief sitzenden Husten bei Erwachsenen und Kindern, die den süßen Geschmack lieben. Alle Kräuter wirken auf die Atemwege, viele haben zudem antivirale und antibakterielle Eigenschaften. Meiden Sie den Tee jedoch bei Bluthochdruck.

ERGIBT 1 BECHER ODER ETWA 400 ML, JE NACH HONIGMENGE

1 TL getrocknete Ysopblätter

½ TL getrockneter Salbei

1 TL gehackte getrocknete Wurzel vom Echten Alant

1 TL getrocknete Königskerzenblätter und/oder -blüten

1 TL gehackte getrocknete Süßholzwurzel

¼ TL getrockneter oder frischer Thymian

2 TL bis 5 EL Manuka-Honig, je nach Zweck

Alle Kräuter mit 400 ml Wasser zum Kochen bringen. Die Hitze reduzieren und 10 Minuten ohne Deckel sanft köcheln lassen, sodass ein Teil der Flüssigkeit verdampft. Vom Herd nehmen und abkühlen lassen. Die zusätzliche Ziehzeit verstärkt die Wirkung des Tees.

Den Tee durch ein Sieb in einen Topf gießen und langsam erhitzen. Sobald der Tee anfängt zu köcheln, vom Herd nehmen und den Honig einrühren, bis dieser sich aufgelöst hat. Den Tee in einen Becher gießen und heiß genießen. Wenn Sie mehr Honig verwendet haben, den Hustensaft abkühlen lassen und in einem Glasbehälter bis zu 1 Woche im Kühlschrank aufbewahren – je mehr Honig er enthalt, umso länger bleibt er frisch. Trinken Sie bei Husten mehrmals täglich ein kleines Glas.

HEILENDE KRÄUTER

Ysop kann Krampfhusten und andere Verkrampfungen der Atemwege lindern.

Leckerschmecker-Fieber-Tee

Dieser Tee ist für fiebernde Kinder ab drei Jahren eine ausgezeichnete Alternative zu Medikamenten aus der Apotheke. Katzenminze und Lindenblüten wirken sanft fiebersenkend, Pfefferminze und Kamille beruhigen und entspannen. Süßholz bekämpft Viren und gibt zusammen mit dem Honig eine Süße, die jedem Kind schmeckt. Meiden Sie den Tee bei Bluthochdruck.

ERGIBT 1 TASSE

1 TL getrocknete Echte Katzenminzeblätter

1 TL getrocknete Kamillenblüten

½ TL getrocknete Lindenblüten

½ TL getrocknete Pfefferminze

½ TL gehackte getrocknete Süßholzwurzel

½–1 TL Manuka-Honig

Alle Kräuter in eine angewärmte Teekanne geben. In einem Wasserkocher 200 ml gefiltertes Wasser bis knapp unter den Siedepunkt erhitzen. Das Wasser in die Teekanne gießen und den Deckel aufsetzen. Den Tee mindestens 10 Minuten ziehen lassen, dann durch ein Sieb gießen. Honig einrühren, solange der Tee heiß ist. Abkühlen lassen.

EIN GUTER TIPP

Wenn Ihre Kleinen den Tee weder heiß noch kalt trinken wollen, machen Sie daraus Eis am Stiel. Geben Sie frische Beeren dazu – die sehen hübsch aus, schmecken und sind reich an Vitamin C!

Rekonval-Essenz

Für unsere Großeltern war es selbstverständlich, dass Genesung Zeit braucht. Von dieser Einstellung ist der Tee inspiriert. Er mischt kräftigende Brennnessel, entzündungshemmendes Mädesüß, Johanniskraut gegen Erschöpfung, Chinabeeren für Ausdauer und Mongolischen Tragant für das Immunsystem. Meiden Sie den Tee, wenn Sie Antidepressiva nehmen, bei anderen Medikamenten fragen Sie zuvor den Arzt.

ERGIBT 2 BECHER

2 TL getrocknete Brennnesselblätter

1 TL getrocknetes Echtes Mädesüß

1 TL getrocknetes Johanniskraut

1 TL getrockneter Mongolischer Tragant

1 TL getrocknete Chinabeeren

Die Kräuter in eine große angewärmte Teekanne geben. In einem Wasserkocher 600 ml gefiltertes Wasser bis knapp unter den Siedepunkt erhitzen. Das heiße Wasser in die Teekanne gießen und den Deckel aufsetzen. Den Tee 5 Minuten ziehen lassen, dann durch ein Sieb gießen. Während der Genesung nach einer Krankheit mindestens 1 Woche lang ein bis zwei Becher täglich trinken.

Tee gegen Grippe

Grippe oder grippaler Infekt unterscheidet sich von einer normalen Erkältung: Knochen und Muskeln schmerzen, Fieber beeinträchtigt zusätzlich das Wohlbefinden. Dieser Tee ist reich an Kräutern, die Sie von diesen Symptomen befreien. Wasserdost lindert die Schmerzen, Holunderbeeren und Johanniskraut bekämpfen die Viren, Sonnenhut (Echinacea) und Kalmegh kurbeln das Immunsystem an. Holunderblüten senken das Fieber. Manuka-Honig wirkt beruhigend und antimikrobiotisch. Meiden Sie den Tee bei Bluthochdruck und wenn Sie Antidepressiva oder andere Medikamente einnehmen.

ERGIBT 1 LITER

4 TL getrockneter Wasserdost

4 TL gehackte getrocknete Sonnenhutwurzel (Echinaceawurzel)

4 TL getrocknete Holunderbeeren

2 TL getrocknete Holunderblüten

2 TL getrocknetes Johanniskraut

1 TL getrockneter Kalmegh

2 TL Manuka-Honig, oder nach Geschmack

Alle Kräuter mit 1 Liter gefiltertem Wasser in einen Stieltopf geben. Bis knapp unter den Siedepunkt erhitzen, dann die Hitze reduzieren, den Deckel aufsetzen und alles 10 Minuten köcheln lassen. Den Topf vom Herd nehmen und den Tee durch ein Sieb gießen. Den Honig einrühren, solange der Tee heiß ist. Eine Tasse sofort genießen, den Rest in eine Thermosflasche geben und im Lauf des Tages immer wieder davon trinken. Dadurch werden Beschwerden gelindert und Viren bekämpft.

HEILENDE KRÄUTER

Jeder Honig süßt und wirkt antibakteriell, doch dieser stammt von Bienen, die sich in Neuseeland von der Manuka-Pflanze ernähren, und besitzt besonders viel von deren wertvollen Inhaltsstoffen. Manuka-Honig ist der stärkste antimikrobielle Honig auf dem Markt.

Erkältungstee

Eine Erkältung kann jeden erwischen, selbst den Gesündesten. Mit diesem wohltuenden Tee werden Sie sich nicht nur besser fühlen, er hilft Ihnen auch, den Virus abzuwehren. Trinken Sie eine schöne heiße Tasse davon, bevor Sie sich an einem warmen Plätzchen in Ihre Decke kuscheln.

ERGIBT 2 BECHER

- 1 TL gehackte getrocknete Sonnenhutwurzel (Echinaceawurzel)
- 1 TL getrocknete Holunderbeeren
- ½ TL getrocknete Schafgarbe
- ½ TL getrocknete Pfefferminze
- ½ TL Zimt-Chips von der Rinde oder ¼ Zimtstange
- 1 Stück (1 cm) frischer Ingwer, gehackt, oder 1 TL getrockneter Ingwer
- 1–2 TL Honig pro Portion
- 2 Zitronenscheiben, zum Garnieren

Alle Kräuter in eine große angewärmte Teekanne geben. In einem Wasserkocher 600 ml gefiltertes Wasser bis knapp unter den Siedepunkt erhitzen; in die Teekanne gießen und den Deckel aufsetzen. Den Tee 5–6 Minuten ziehen lassen, dann durch ein Sieb in zwei Becher gießen und den Honig einrühren. Jeden Becher mit 1 Zitronenscheibe garniert servieren.

HEILENDE KRÄUTER

Ingwer ist nicht nur wärmend und entzündungshemmend, lindert somit Schmerzen und Unwohlsein, sondern er stärkt auch die Abwehrkräfte, indem er gesundes Schwitzen fördert.

Kapitel 6

Glück & Freude

Die heilenden, stärkenden Tees dieses Kapitels heben die Stimmung, sorgen für Entspannung und verbessern das Wohlbefinden auf allen Ebenen. So werden Ihre Lebensgeister wiedererweckt, und Anspannungen lösen sich auf natürliche Weise in Luft auf. Sinken Sie in erholsamen Schlaf mit süßen Träumen, werden Sie achtsamer, und stärken Sie Ihre Energien. Mit ein paar Tassen täglich verschaffen Sie sich Momente heiterer Gelassenheit und Glückseligkeit.

Happy Tee

Dieser Aufguss aus stimmungshebenden Kräutern lässt Sie zufrieden lächeln. Lavendel beruhigt, Zitronenmelisse sorgt für gute Laune und Lindenblüten für Entspannung und Regeneration. Rosenblätter haben eine antidepressive Wirkung und verhelfen zu erholsamem Schlaf. Süßholz fördert die Aktivität der Nebennieren und hilft in Phasen von innerer Unruhe und Stress. Wenn Sie mal wieder den Blues haben, ist dieser Tee genau richtig. Vermeiden Sie ihn aber bei Bluthochdruck.

ERGIBT 2 TASSEN

2 TL getrocknete Zitronenmelisse

2 TL getrocknete Lindenblüten

½ TL gehackte getrocknete Süßholzwurzel

1 Prise getrocknete oder frische Lavendelblüten

1 Prise getrocknete Rosenblütenblätter oder 3–4 frische Blütenblätter

Die Kräuter in eine angewärmte Teekanne geben. In einem Wasserkocher 400 ml gefiltertes Wasser bis knapp unter den Siedepunkt erhitzen. Das heiße Wasser in die Teekanne gießen und den Deckel aufsetzen. Den Tee 3–5 Minuten ziehen lassen, dann durch ein Sieb in zwei Tassen gießen und dampfend heiß servieren. Alternativ den Tee durch ein Sieb in eine Kanne gießen und abkühlen lassen. In einen Glasbehälter umgießen und in den Kühlschrank stellen. Dort bleibt er bis zu 2 Tage frisch. Im Sommer mit Eiswürfeln als Erfrischung servieren.

EIN GUTER TIPP

Verwenden Sie Lavendel sehr sparsam – zu viel davon lässt den Tee leicht seifig schmecken.

Liebestrank

Diesen Tee sollten Sie mit dem Objekt Ihrer Begierde teilen. Rosen öffnen das Herz, und Hibiskus fördert die Entstehung zärtlicher Gefühle. Fenchel und Kardamom wecken Wärme und Zuneigung, Zitronenverbene hebt die Stimmung.

ERGIBT 2 TASSEN

1 TL getrocknete Hibiskusblüten

2 TL getrocknete Zitronenverbene

½ TL getrocknete Rosenblütenblätter oder 3 frische rote Rosenblütenblätter

½ TL getrockneter oder frischer Rosmarin

½ TL Fenchelsamen

1 Kardamomkapsel

2 frische Rosenblütenblätter, zum Garnieren

Alle Kräuter in eine angewärmte Teekanne geben. In einem Wasserkocher 400 ml gefiltertes Wasser bis knapp unter den Siedepunkt erhitzen. Das heiße Wasser über die Kräuter gießen, den Deckel der Teekanne aufsetzen. Den Tee 7–10 Minuten ziehen lassen, dann durch ein Sieb in zwei Tassen gießen. In jede Tasse 1 Rosenblütenblatt geben, sodass es auf der Oberfläche schwimmt. Es sieht hübsch aus und gibt einen süßlichen Duft.

Lebenskräfte-Tee

Beleben Sie mit diesem Mix Ihre Lebensgeister! Taigawurzel wirkt gegen Müdigkeit, Alterung und Stress, Tulsi, Ashwagandha und Damiana lindern Angstgefühle und fördern die physische und emotionale Gesundheit sowie das Wohlbefinden. Bei Schilddrüsenüberfunktion sollten Sie den Tee meiden.

ERGIBT 1 BECHER

1 TL getrocknete Taigawurzel (Sibirischer Ginseng)

1 TL getrocknete Ashwagandha-Wurzel (Schlafbeere)

½ TL getrocknete Tulsi (Heiliges Basilikum)

½ TL getrocknete Damianablätter

¼ TL getrockneter Ingwer oder 1 Stück (1 cm) frischer Ingwer, in dünne Scheiben geschnitten

Honig, nach Geschmack

Alle Kräuter in einem Mörser leicht zerstoßen oder eine saubere Gewürzmühle verwenden. Die Kräuter mit 300 ml gefiltertem Wasser und dem frischen Ingwer in einen Topf geben und langsam zum Köcheln bringen. Alles 5 Minuten köcheln lassen, dann den Topf vom Herd nehmen. Den Tee etwas ziehen lassen, anschließend durch ein Sieb in einen Becher gießen und nach Geschmack mit etwas Honig süßen.

Stimmungsbooster

Wenn romantische Gefühle angesagt sind, genießen Sie mit Ihrem Schatz diesen sinnlichen Tee. Rosen, Jasmin, Damiana und Ingwer sind traditionelle Aphrodisiaka, und die anregende Taigawurzel verleiht dem Ganzen einen Extrakick! Dazu noch gedämpftes Licht, zwei Tassen Tee, und dann nur noch der Stimmung folgen …

ERGIBT 2 TASSEN

1 TL getrocknete Taigawurzel (Sibirischer Ginseng)

1 TL getrocknete Damianablätter

¼ TL getrockneter Ingwer oder 1 Stück (1 cm) frischer Ingwer, gehackt

½ TL getrocknete Rosenblüten (Knospen) oder Rosenblütenblätter

½ TL getrocknete oder frische Jasminblüten

Taigawurzel (Sibirischen Ginseng), Damiana und Ingwer in eine angewärmte Teekanne geben. In einem Wasserkocher 400 ml gefiltertes Wasser bis knapp unter den Siedepunkt erhitzen. Das heiße Wasser in die Teekanne gießen und den Deckel aufsetzen. Den Tee 5 Minuten ziehen lassen, dann die Rosen- und Jasminblüten hinzufügen. Weitere 3 Minuten ziehen lassen und durch ein Sieb in zwei Tassen gießen.

HEILENDE KRÄUTER

Frischer Jasmin hat eine leicht betäubende Wirkung und entspannt sowohl Körper als auch Seele. Untersuchungen zufolge soll er auch die sexuelle Lust verstärken.

Süße-Träume-Tee

Nach einem schönen Traum lässt es sich gut in den Tag starten. Für schöne Träume sorgt eine Tasse dieser fantastischen Mischung. Eisenkraut entspannt die Muskeln und wird schon seit alters mit tiefem, wohligem Schlaf assoziiert. Kamille und Zitronenmelisse besänftigen den Magen, damit die nächtliche Erholung nicht durch Verdauungsbeschwerden beeinträchtigt wird. Kurzum: ein idealer Betthupferl-Tee.

ERGIBT 2 TASSEN

1 TL getrocknete Echte Betonie
1 TL getrocknete Eisenkrautblätter
1 TL getrocknete Kamille
1 TL getrocknete Zitronenmelisse
1 Prise getrocknete Lavendelblüten

Alle Kräuter in eine angewärmte Teekanne geben. In einem Wasserkocher 400 ml gefiltertes Wasser bis knapp unter den Siedepunkt erhitzen. Das heiße Wasser in die Teekanne gießen und den Deckel aufsetzen. Den Tee 3–5 Minuten ziehen lassen, dann durch ein Sieb in zwei Tassen gießen.

EIN GUTER TIPP

Schöne Träume kommen meist von schönem Schlaf. Warum lesen Sie nicht beim Teetrinken ein Buch, statt mit dem Smartphone oder dem Computer zu spielen? Display und Monitor können schnell überreizen.

Sereni-Tee

Dieses duftende Potpourri aus beruhigenden Blüten fördert Wärme, Entspannung und Ausgeglichenheit. Es hilft, Spannungen abzubauen und zur Ruhe zu kommen. Das Lakritzaroma aus dem Süßholz besänftigt die Sinne und öffnet sie für Harmonie und Frieden. Meiden Sie den Tee bei Bluthochdruck.

ERGIBT 2 BECHER

2 TL getrocknete Kamillenblüten

1 TL getrocknete Rosenblütenblätter und Rosenblüten (Knospen)

1 TL getrocknete Ringelblumenblütenblätter

½ TL getrocknete Lindenblüten und -blätter

½ TL getrocknete Holunderblüten

1 Stück (2,5 cm) getrocknete Süßholzwurzel, gehackt

½ TL Fenchelsamen

2–3 getrocknete Lavendelblüten

1 dünne Zitronenscheibe, halbiert

Manuka-Honig, nach Geschmack

Die Kräuter in einem Mörser leicht zerdrücken und vermischen, dann in eine angewärmte Teekanne geben. In einem Wasserkocher 600 ml gefiltertes Wasser bis knapp unter den Siedepunkt erhitzen. Das heiße Wasser über die Kräuter gießen und den Deckel aufsetzen. 3–5 Minuten ziehen lassen. Durch ein Sieb in zwei angewärmte Becher gießen, jeden mit ½ Zitronenscheibe garnieren und nach Geschmack mit etwas Honig süßen.

EIN GUTER TIPP

Getrocknete Blüten und Blätter können, mit heißem Wasser übergossen, bis zum Fünffachen ihrer Größe aufquellen. Geben Sie sie in eine große Teekanne oder ein Teesieb, damit sie Platz haben.

Meditationstee

Wer sich jeden Tag etwas Zeit zum Meditieren nimmt, tut Körper, Geist und Seele damit etwas Gutes. Dieser Tee hilft, den Geist zu fokussieren und den Körper zu entspannen. Trinken Sie den Tee vor der Meditation. Bei Bluthochdruck sprechen Sie mit Ihrem Arzt, da der Rosmarin das Leiden verstärken könnte.

ERGIBT 1 TASSE

1 TL getrocknete Tulsi (Heiliges Basilikum)

½ TL frischer gehackter Rosmarin

½ TL getrockneter Beifuß

½ TL getrocknete Echte Eisenkrautblätter

½ TL getrocknete Rosenblütenblätter

Alle Kräuter und Rosenblütenblätter in ein Tee-Ei geben und dieses in eine Tasse hängen. In einem Wasserkocher 200 ml gefiltertes Wasser bis knapp unter den Siedepunkt erhitzen. Das heiße Wasser über das Tee-Ei in die Tasse gießen. Den Tee 3–5 Minuten ziehen lassen, dabei das Tee-Ei immer wieder schwenken. Das Tee-Ei entfernen.

Sommerliebe

Der prächtige rubinrote Tee ist leicht und erfrischend, egal, ob heiß, kalt oder auf Eis serviert. Rosen, Zitronenverbene und Hibiskus heben die Stimmung, während Grüne Minze, Zitronengras und Orange beleben und kühlen.

ERGIBT 2 BECHER

1 TL getrocknete Hibiskusblüten

1 TL getrocknete Zitronenverbene

1 TL getrocknete Grüne Minze

½ TL gehacktes getrocknetes Zitronengras oder 1 cm frisches Zitronengras, zerstoßen

1 TL gehackte getrocknete Bio-Orangenschale

2 Scheiben von 1 Bio-Orange, zum Garnieren

2 getrocknete oder frische Rosenblütenblätter (am besten rot oder rosa), zum Garnieren

Dieser Tee sieht in einer Glaskanne mit Tee-Einsatz sehr dekorativ aus – perfekt für die Gartenparty im Sommer. Die Kräuter in ein Tee-Ei oder den Einsatz einer angewärmten Teekanne geben. In einem Wasserkocher 600 ml gefiltertes Wasser bis knapp unter den Siedepunkt erhitzen. Das heiße Wasser über Kräuter und Orangenschale gießen, den Deckel der Teekanne aufsetzen. Den Tee 10 Minuten ziehen lassen, dann durch ein Sieb in zwei Becher gießen und jeden mit 1 Orangenscheibe und 1 Rosenblütenblatt garnieren. Wenn Sie den Tee als Eistee servieren möchten, lassen Sie ihn nach dem Abseihen abkühlen und stellen ihn dann mindestens 1 Stunde in den Kühlschrank. Garnieren und mit Eiswürfeln servieren.

EIN GUTER TIPP

Frieren Sie die sternförmigen Borretschblüten in Eiswürfelformen ein. Geben Sie Tee und Eiswürfel zusammen mit Orangenscheiben und Rosenblütenblättern in einen Glaskrug – ein toller Sommerdrink!

Tee für gebrochene Herzen

Die Zeit heilt alle Wunden, doch Kräuter können den Heilungsprozess beschleunigen. Weißdorn, Rose und Stiefmütterchen besänftigen das Herz, mit der Echten Betonie können Sie wieder klar denken, und Seidenakazie und Zitronenmelisse wirken stimmungsaufhellend. Das Großartige an Kräutern ist ihre gleichzeitige Wirkung auf Körper, Geist und Seele. So können psychische Leiden ebenso gelindert werden wie körperliche.

ERGIBT 1 GROSSEN BECHER

1 TL getrocknete Weißdornbeeren

½ TL getrocknete Seidenakazienrinde

1 TL getrocknete oder frische Zitronenmelisse

½ TL getrocknete Echte Betonie

¼ TL getrocknete Rosenblüten (Knospen) oder Rosenblütenblätter

¼ TL getrocknetes Wildes Stiefmütterchen

Honig, nach Geschmack

Weißdornbeeren und Seidenakazienrinde mit 300 ml gefiltertem Wasser in einen kleinen Topf geben. Bis knapp unter den Siedepunkt erhitzen, dann die Hitze reduzieren und den Tee 5 Minuten köcheln lassen. Den Topf vom Herd nehmen, sofort die übrigen Kräuter hinzufügen und den Deckel aufsetzen. Den Tee 10 Minuten ziehen lassen, dann durch ein Sieb in einen Becher gießen und nach Geschmack mit etwas Honig süßen.

HEILENDE KRÄUTER

Das Wilde Stiefmütterchen ist auch als Ackerstiefmütterchen oder Muttergottesschuh bekannt und wird traditionell unter anderem zur Anregung des Stoffwechsels sowie bei physischer und emotionaler Erschöpfung eingesetzt. Es ist auch ein natürliches Mittel für gesunden, erholsamen Schlaf.

Winter-Blues-Tee

Dieser köstliche Tee mit heiterem Johanniskraut und Lindenblüten bringt Licht in dunkle Wintertage, indem er erste Anzeichen von Niedergeschlagenheit lindert. Rooibos unterstützt mit seiner antioxidativen Wirkung das Immunsystem, Rosmarin und Rosenwurz wirken anregend, und Ingwer wärmt und beruhigt. Trinken Sie diesen Tee nicht, wenn Sie Antidepressiva oder andere Medikamente einnehmen.

ERGIBT 1 BECHER

1 TL getrocknetes Johanniskraut

1 TL getrockneter Rooibos

1 TL getrocknete Lindenblüten

½ TL getrockneter Rosmarin

½ TL gehackte getrocknete Rosenwurzwurzel

¼ TL getrockneter Ingwer oder 1 Stück (1 cm) frischer Ingwer, gehackt

Alle Kräuter in eine angewärmte Teekanne geben. In einem Wasserkocher 300 ml gefiltertes Wasser bis knapp unter den Siedepunkt erhitzen. Das Wasser in die Teekanne gießen und den Deckel aufsetzen. Den Tee 5–6 Minuten ziehen lassen, dann durch ein Sieb in einen Becher gießen. Der Tee hat die stärkste Wirkung, wenn Sie jeden Morgen ein bis zwei Becher davon trinken.

HEILENDE KRÄUTER

Johanniskraut lindert erwiesenermaßen leichte bis mittelschwere depressive Verstimmungen und damit verbundene Symptome wie Angstzustände, Schlaflosigkeit, Appetitlosigkeit und Abgeschlagenheit.

Festtagstee

Dieser aromatische Tee mit einem Schuss Vitamin C und vielen Antioxidantien und Gewürzen schmeckt lecker fruchtig. Er lässt Sie all das köstliche Essen, das Sie über die Feiertage genossen haben, leichter verdauen. Servieren Sie den Tee am besten gleich zum Fest – eine Dosis Gesundheit passt gut zur Stimmung! Meiden sollten Sie den Tee aber bei Bluthochdruck.

ERGIBT 2 BECHER

1 TL getrocknete Weißdornbeeren

1 TL gehackte getrocknete Süßholzwurzel

1 TL gehackte getrocknete Eibischwurzel

1 TL getrocknete Holunderbeeren

1 TL getrocknete Hagebutten

½ TL Koriandersamen

½ TL gehackter getrockneter Zimt oder ½ Zimtstange, zerbrochen

2 TL Honig pro Portion, oder nach Geschmack

2 Zimtstangen, zum Garnieren

Die Kräuter gut vermischen und in einem Mörser leicht zerstoßen. Zusammen mit 600 ml gefiltertem Wasser in einen Topf geben. Das Wasser erhitzen, bis es zu sprudeln beginnt, dann sofort die Hitze reduzieren und das Ganze 10 Minuten köcheln lassen. Den Tee durch ein Sieb in zwei Becher gießen und den Honig dazugeben. Jeweils 1 Zimtstange zum Umrühren hinzufügen.

HEILENDE KRÄUTER

Studien haben gezeigt, dass Eibischwurzel bei Sodbrennen, Verdauungsbeschwerden, Magengeschwüren und sogar bei Colitis hilft. Sie reguliert auch den Blutzuckerspiegel, ist also nach dem Genuss deftiger Speisen perfekt!

Kapitel 7

Über Tee hinaus

Kräutertees schmecken köstlich und können für ganzheitliches Wohlbefinden sorgen, die Genesung fördern, Beschwerden lindern und die Stimmung heben – doch es gibt noch viele andere Möglichkeiten, Kräuter einzusetzen. In diesem Kapitel finden Sie ganz besondere, raffinierte und wohlschmeckende Spezialitäten, darunter würzige Goldene Milch, sättigende Mandelmilch, frischer Gartenblumentee, ein leckerer Sirup, ein duftender Smoothie, heiße Kräuterschokolade sowie fein aromatisierte Honigsorten. Einfach göttlich!

Chai-Honig

Honig besitzt einzigartige antibakterielle und gesundheitsfördernde Eigenschaften. Mit selbst gemachtem Honig können Sie Ihren Tee ganz nach Ihrem Geschmack würzen und legen seine Heilwirkung fest. Dieser hier enthält die gleichen Gewürze wie „Masala Chai", der berühmte indische Gewürztee. Geben Sie einen oder zwei Löffel Honig in warme Milch, Mandel- oder Sojamilch oder einfach heißes Wasser, und schon haben Sie einen wohlschmeckenden und gesunden Instant-Gewürztee.

ERGIBT 250 G

1 Glas (250 g) Wildblütenhonig
1 TL gemahlener Zimt
1 TL gemahlener Kardamom
½ TL gemahlener Ingwer
½ TL gemahlener Piment
¼ TL gemahlene Muskatnuss
¼ TL gemahlene Gewürznelken
¼ TL gemahlener Koriander

4–5 TL Honig aus dem Glas nehmen, um Platz für die Gewürze zu schaffen, den Deckel wieder aufsetzen. Das Glas 5 Minuten in eine Schüssel mit heißem Wasser stellen (das Wasser darf nicht kochen, sonst kann das Glas springen) – so lassen sich die Gewürze später besser einrühren. Das Glas mehrmals öffnen und den Honig umrühren.

In einer kleinen Schüssel die Gewürze vermischen. Das Glas aus dem Wasser nehmen, abtrocknen, öffnen und die Gewürzmischung einrühren. Den Deckel wieder aufsetzen. Mindestens 2 Wochen kühl stellen, damit die Gewürze den Honig aromatisieren; regelmäßig umrühren. Den fertigen Honig kühl und dunkel aufbewahren. Der Geschmack wird mit der Zeit intensiver.

EIN GUTER TIPP

Sie können die Gewürze auch selbst im Mörser oder in einer Gewürzmühle zerkleinern.

Heilender Honig

Dieser köstliche, vielseitige Honig bringt Ihr Immunsystem in Topform. Rühren Sie zwei, drei Löffel Honig in eine Tasse mit heißem Wasser für einen Tee, oder geben Sie den Honig in einen Wintersmoothie, träufeln Sie ihn über Obst oder Müsli, oder löffeln Sie ihn direkt aus dem Glas. Bei Bluthochdruck allerdings meiden.

ERGIBT 250 G

4 TL getrocknete Holunderbeeren

3 TL gehackte getrocknete Sonnenhutwurzel (Echinaceawurzel)

1 ½ TL getrockneter Thymian

1 TL gehackte getrocknete Süßholzwurzel

½ TL getrockneter Salbei

1 Knoblauchzehe, fein gehackt (optional)

1 Glas (250 g) flüssiger Wildblütenhonig

Die Kräuter gut mischen und im Mörser oder einer Kräutermühle zerkleinern. Den Knoblauch, falls verwendet, zugeben und mit den Kräutern vermengen. Das Glas 5 Minuten in eine Schüssel mit heißem Wasser stellen (das Wasser darf nicht kochen, sonst kann das Glas springen) – so lassen sich die Kräuter später besser einrühren. Das Glas mehrmals öffnen und den Honig umrühren.

Das Glas aus dem Wasser nehmen, abtrocknen, öffnen und die Kräutermischung einrühren. Den Deckel wieder schließen, das Glas mindestens 2 Wochen kühl und dunkel lagern (das Aroma wird mit der Zeit intensiver) und regelmäßig umrühren. Sie müssen den Honig nicht abseihen – das ist nur mühsam und kostet eine Menge Honig. Rühren Sie vor Gebrauch um und warten Sie, bis sich die Kräuter im Tee am Tassenboden abgesetzt haben.

EIN GUTER TIPP

Nicht jeder mag rohen Knoblauch, daher können Sie ihn auch weglassen. Hier wird sein Aroma jedoch von den anderen Kräutern überdeckt. In seiner antibiotischen Wirkung ist er unübertroffen und ergänzt in dieser Mischung die Wirkung der anderen Kräuter.

Würzige heiße Schokolade

Auch Schokolade ist ein Heilmittel! Kakaobohnen, köstlich und mit Suchtpotenzial, sind reich an antioxidativen Polyphenolen und enthalten stimmungsaufhellende Stoffe. Mit Cayennepfeffer und Kardamom wirkt das Getränk auf die Verdauung und ist daher nach dem Essen zu empfehlen. Wenn Sie keinen oder nur wenig Zucker verwenden, haben Sie einen gesunden, wärmenden Heiße-Schokolade-„Tee“.

ERGIBT 2 BECHER

600 ml Milch oder Milchgetränk (wie Mandel-, Soja- oder Reismilch)

4 TL reines Kakaopulver

¼ TL gemahlener Zimt

¼ TL Cayennepfeffer, oder nach Geschmack

½ Vanillestange

1 Kardamomkapsel

Muskatnuss

2 Zimtstangen, zum Garnieren

Die Milch mit Kakaopulver und den Gewürzen in einen Topf geben und langsam bei geringer bis mittlerer Hitze nur so weit erwärmen, bis die Milch gerade zu sprudeln beginnt. Die Hitze auf die geringste Stufe reduzieren und die Milch 3–5 Minuten leicht köcheln lassen. Durch ein Sieb in zwei Becher abseihen, etwas frisch geriebene Muskatnuss darübergeben und mit je 1 Zimtstange zum Umrühren servieren.

EIN GUTER TIPP

Reiner Kakao schmeckt bitter, doch Zimt und Vanille sorgen für eine angenehme Süße. Wenn Sie Ihre heiße Schokolade noch süßer möchten, geben Sie Honig dazu.

Goldene Milch

In Indien serviert man Kurkuma, vor allem im Winter, traditionell in Form dieser köstlichen, beruhigenden Goldenen Milch. Kurkuma wird wegen ihrer entzündungshemmenden und antimikrobiotischen Eigenschaften in der ayurvedischen Kräutermedizin unter anderem bei Rheuma, erhöhten Cholesterinwerten, Erkältung oder Grippe angewendet. Wenn Sie Blutverdünnungsmittel einnehmen, fragen Sie vorab Ihren Arzt.

ERGIBT 1 BECHER

300 ml Milch (oder laktosefreies Milchgetränk)

1 TL gemahlene Kurkuma

¼ TL gemahlener Zimt

2 schwarze Pfefferkörner

1 TL Kokosöl (optional)

Honig, nach Geschmack

Muskatnuss

1 Zimtstange, zum Servieren

Milch, Gewürze und gegebenenfalls Kokosöl in einen Topf geben und langsam bis knapp unter den Siedepunkt erhitzen. Die Hitze reduzieren, die Milch 25 Minuten leicht köcheln lassen. Den Topf vom Herd nehmen und den Tee durch ein Sieb in einen Becher gießen. Nach Geschmack Honig einrühren, etwas frisch geriebene Muskatnuss darübergeben und mit 1 Zimtstange zum Umrühren servieren.

Mandelmilch

Diese Mandelmilch ist gesünder als jede, die Sie kaufen können. Das beste Resultat erzielen Sie mit einem leistungsfähigen Standmixer. Aber auch mit einem Pürierstab oder dem Mixaufsatz einer Küchenmaschine gelingt das Rezept.

ERGIBT 750 ML

150 g ganze Mandeln

½ TL Vanilleextrakt

3 entkernte Datteln

¼ TL gemahlener Zimt

1 Prise Meersalz

Die Mandeln über Nacht in 750 ml gefiltertem Wasser einweichen. Am nächsten Morgen das Wasser durch ein Sieb abgießen, die Mandeln unter kaltem Wasser abspülen, mit dem Einweichwasser in einen Standmixer geben. Die übrigen Zutaten hinzufügen, auf höchster Stufe 3–5 Minuten pürieren. Ein Sieb mit einem Musselintuch auslegen und die Mischung durchdrücken. Das Tuch gründlich ausdrücken. Die Milch in einem Glasbehälter im Kühlschrank bis zu 5 Tage aufbewahren. Vor Gebrauch schütteln.

Gartenblumentee

Eine wahre Pracht ist dieser Tee aus farbenfrohen, frisch gepflückten Blüten. Die Flavonoide, die den Blumen ihre Farbe geben, unterstützen das Herz-Kreislauf-System, die ätherischen Öle wirken entzündungshemmend und schützen vor Infektionen. Sammeln Sie eine Handvoll Blumen, und genießen Sie eine Tasse dieses einzigartig duftenden Tees. Blütenblätter sind so zart, dass sich ihre Wirkstoffe in heißem Wasser schnell auflösen, daher geben Sie hier die Kräuter ins heiße Wasser, statt sie damit zu übergießen.

ERGIBT 2 TASSEN

1 Handvoll gemischte frische Duftveilchenblüten, Ringelblumenblütenblätter, Borretschblüten, Rosenblütenblätter, Rosmarinblüten, Wiesenkleeblüten, Lavendelblüten, Kornblumenblüten, Sonnenhutblütenblätter (Echinacea), Kapuzinerkresseblüten und/oder Rosenpelargonienblätter (am besten mit Rosen- oder Zitronenduft)

In einem Wasserkessel 400 ml gefiltertes Wasser bis knapp unter den Siedepunkt erhitzen. Das heiße Wasser in eine angewärmte Teekanne (aus Glas, damit man die bunten Blüten und Blätter sieht) füllen. Die Blütenblätter dazugeben und vorsichtig schwenken, damit sie gleichmäßig absinken. Den Tee 3–5 Minuten ziehen lassen, dann in zwei Tassen gießen. Sie können diesen Tee durch ein Sieb gießen oder aber die Blütenblätter einfach auf den Tassenboden sinken lassen.

HEILENDE KRÄUTER

Rosmarin fördert die Durchblutung des Gehirns, was die Stimmung aufhellen kann. Er kann allerdings auch Bluthochdruck verstärken: Falls Sie daran leiden, sprechen Sie mit Ihrem Arzt oder Heilkundler, ob der Tee für Sie unbedenklich ist.

Anti-Allergie-Sirup

Aroma und Heilwirkung von Kräutern kann man auch als Sirup genießen, der aus einem Aufguss hergestellt wird. Diese Mischung sollten Sie in der warmen Jahreszeit stets parat haben, um Heuschnupfen und andere Allergien zu behandeln. Brennnesseln enthalten Antihistamine gegen allergische Reaktionen, Augentrost wirkt entzündungshemmend, und Holunderblüten sind schleimlösend. Verwenden Sie 50 ml in 250 ml Wasser (für Kinder halb so viel), und trinken Sie bis zu drei Gläser täglich.

ERGIBT 450 ML

250 g Feinstzucker (Bioqualität)
4 TL getrocknete Holunderblüten
4 TL getrocknete Brennnesselblätter
3 TL getrockneter Augentrost
2 TL getrocknete Spitzwegerichblätter
1 TL getrocknete Schafgarbe
1 TL Fenchelsamen
1 Zitrone, nach Geschmack

In einem kleinen Stieltopf den Zucker und 250 ml gefiltertes Wasser bei geringer Hitze erwärmen, dabei vorsichtig den Topf schwenken, damit sich der Zucker gleichmäßig auflöst. Im Mörser alle Kräuter leicht zerdrücken. Sobald der Zucker aufgelöst ist, den Topf vom Herd nehmen und alle Kräuter zugeben. Nochmals schwenken, bis alle Kräuter von Sirup umhüllt sind, und einen dicht schließenden Deckel aufsetzen. Abkühlen und die Kräuter im Sirup ziehen lassen. Den abgekühlten Sirup gründlich durch ein Sieb streichen. In eine Flasche abfüllen und mit einem Etikett versehen. Er hält sich im Kühlschrank bis zu 3 Wochen.

Zum Servieren 1 Teil Sirup mit 5 Teilen stillem oder sprudelndem Mineralwasser mischen. Für intensiveres Aroma etwas frisch gepressten Zitronensaft dazugeben.

EIN GUTER TIPP

Dieser Sirup enthält zwar sehr viel Zucker zur Konservierung, aber Sie verwenden für jedes Glas nur eine geringe Menge, die Sie mit Wasser verdünnen.

Abwehrstärkender Smoothie

Angereichert mit diesem Absud, wird Ihr Smoothie zu einer medizinischen Wunderwaffe. Jedes seiner Kräuter wirkt sich direkt auf Ihr Immunsystem aus. Verwenden Sie einen Teil oder die ganze Portion des Aufgusses in Ihrem täglichen Smoothie, oder stellen Sie einen Smoothie nach diesem Rezept her, mit entzündungshemmendem Granatapfelsaft und antioxidativen Heidelbeeren.

ERGIBT 1 GROSSES GLAS

Für den Kräuterabsud

2 TL getrocknete Holunderbeeren

2 TL gehackte getrocknete Sonnenhutwurzel (Echinacea)

2 TL getrocknete Zitronenmelisse

1 TL getrocknete Pfefferminze

Für den Smoothie

bis zu 1 Portion Kräuterabsud (siehe oben)

100 ml Mandelmilch (siehe S. 123)

100 ml Granatapfelsaft

1 Handvoll frische oder gefrorene Heidelbeeren

½ Banane

Für den Kräuterabsud Holunderbeeren und Sonnenhut mit 150 ml gefiltertem Wasser in einem Topf bei mittlerer Hitze erwärmen, bis das Wasser gerade zu sprudeln beginnt. Die Hitze reduzieren, alles ohne Deckel 5 Minuten köcheln lassen – gerade so lange, bis die Beeren aufzuplatzen beginnen. Den Topf vom Herd nehmen und sofort Zitronenmelisse und Pfefferminze hineingeben. Einen dicht schließenden Deckel aufsetzen und den Absud vollständig abkühlen lassen. Durch ein Sieb in eine Kanne streichen, dabei die Kräuter mit einem Löffel gegen das Sieb drücken, um die wertvollen Inhaltsstoffe zu lösen, dann in eine Glasflasche füllen. Sofort genießen oder bis zu 1 Tag im Kühlschrank aufbewahren.

Für den Smoothie alle Zutaten in einem Standmixer zerkleinern, dann in ein hohes Glas gießen.

EIN GUTER TIPP

Sie können den Absud bereits am Vorabend zubereiten. Aus einer größeren Menge lassen sich Eiswürfel auf Vorrat machen.

Frisches Kräutersorbet

In einem Sorbet lassen sich Geschmack und Heilwirkung frischer Sommerkräuter gut einfangen. Die Kräuter in diesem Sorbet wirken stimmungsaufhellend und ergeben eine hellgrüne Köstlichkeit, die angenehm erfrischt und kühlt. Experimentieren Sie auch mal mit eigenen Kombinationen.

ERGIBT 6–8 PORTIONEN

250 g Feinstzucker

5–10 g gemischte frische Kräuter, wie Rosenpelargonienblätter, Zitronenverbene, Rosenblütenblätter, Minze und Zitronenmelisse (das genaue Gewicht hängt von den jeweiligen Kräutern ab; verwenden Sie so viele, dass eine Teetasse lose gefüllt ist)

Saft von 1 Zitrone

In einer Küchenmaschine den Zucker und die Kräuter zu einer dicken Paste verrühren. Die Kräuter, die sich am Schüsselrand festsetzen, ebenfalls mit einrühren. Etwa 100 ml gefiltertes Wasser dazugeben und noch mal pürieren. Weitere 650 ml gefiltertes Wasser und den Zitronensaft hinzufügen, alle Zutaten glatt rühren. Mindestens 2 Stunden in den Kühlschrank stellen, dann in einer Eismaschine gefrieren. (Alternativ die Mischung in einen weiten, flachen Behälter füllen und ins Gefrierfach stellen. Alle paar Stunden herausnehmen und kräftig durchrühren.)

EIN GUTER TIPP

Ein paar Duftnesselblätter (Agastache foeniculum) *geben diesem Sorbet ein wunderbares Anisaroma und schmecken auch in Tees fantastisch. Die Pflanze bekommen Sie in Online-Shops oder im örtlichen Gärtnereibedarf.*

Ashwagandha-Kurkuma-Colada

In diesem köstlichen alkoholfreien Cocktail bewirkt Ashwagandha, das berühmte indische Kraut, dass die Nebennieren unterstützt und der Geist beruhigt werden. Kurkuma stärkt die Abwehrkräfte und wirkt entzündungshemmend. Beide Kräuter lösen sich am besten in einer Flüssigkeit mit hohem Fettgehalt auf, daher ist Kokosmilch hier eine gute Wahl. Die Ananas reguliert die Verdauung, und die Kokosmilch liefert hochwertiges Protein und essenzielle Fettsäuren. Bei Schilddrüsenüberfunktion sollten Sie diesen Drink meiden. Wenn Sie Blutverdünnungsmittel einnehmen, sprechen Sie vorab mit Ihrem Arzt.

ERGIBT 2 GROSSE GLÄSER

300 ml Kokosmilch (Bioqualität)
3 TL Ashwagandha-Pulver (Schlafbeere)
½ TL gemahlene Kurkuma
250 ml Ananassaft
4 Eiswürfel
1 frische Ananasscheibe, zum Garnieren

Die Kokosmilch in einen Behälter mit Deckel füllen, Ashwagandha und Kurkuma dazugeben. Gut schütteln und mindestens 30 Minuten in den Kühlschrank stellen.

Für die Colada die aromatisierte Kokosmilch mit Ananassaft und Eiswürfeln in einen Standmixer geben und glatt rühren. Die Ananasscheibe in Stücke schneiden. Den Drink in Cocktailgläser gießen, jedes mit einem Stück Ananas garnieren. Ein Papierschirmchen wäre noch ein ganz besonderes Extra, das für Karibikfeeling sorgt …

ZEICHEN-ERKLÄRUNG

in der Stillzeit vermeiden

bei Einnahme von Medikamenten vermeiden (bei welchen, ist angegeben)

in der Schwangerschaft vermeiden

[ ] Leiden und Medikamente, bei denen von dem Heilkraut abgeraten wird

Sie sollten mit Ihrem Arzt oder einem qualifizierten Kräuterspezialisten sprechen, bevor Sie sich selbst mit Kräutern therapieren, insbesondere wenn Sie schwanger sind, stillen, eine Erkrankung haben oder regelmäßig Medikamente einnehmen.

Kräuterpedia

Kräuter bieten eine Fülle an Heilwirkungen für Gesundheit und Wohlbefinden. Hier finden Sie einige der Anwendungsgebiete für die Kräuter, die in den Tees dieses Buches verwendet werden.

ACKERSCHACHTELHALM
Equisetum arvense **[langfristige Anwendung; Alkoholismus]**
Die Pflanze, die ein bisschen aussieht wie eine Flaschenbürste, gehört zu den ältesten der Welt. Sie ist blasenstärkend sowie ein wirkungsvolles Diuretikum und wird zur Behandlung von Blasenleiden, etwa Blasenentzündung, eingesetzt. Man verwendet sie heute auch bei Harninkontinenz und vergrößerter Prostata.

ALANT, ECHTER *Inula helenium*
[Allergie gegen Korbblütler]
Echter Alant ist vor allem für seine Wirkung auf die Atemwege bekannt: Er lindert Asthma, Husten, Erkältung und Lungenentzündung. Zudem stärkt er das gesamte Verdauungssystem. Er enthält Präbiotika, Substanzen, die die Aktivität von Bakterien im Darm anregen und für eine gesunde Darmflora sorgen.

AMPFER, KRAUSER
Rumex crispus
Ampferwurzel fördert die Verdauung und ist bei gelegentlicher Verstopfung ein effektives, doch relativ schonendes Mittel. Sie wirkt anregend auf Leber und Gallenblase und wird wegen ihrer abführenden Wirkung auch bei Hautkrankheiten wie Ekzemen, Schuppenflechte und Akne eingesetzt.

ANGELIKA *Angelica archangelica*
[Blutverdünnungsmittel]
Die Wurzel des Engelwurz wird zur Fiebersenkung sowie bei Husten, Erkältung und Lungenproblemen eingesetzt. Sie wirkt appetitanregend, verdauungsfördernd, harntreibend, stärkt das Herz, lindert Rheuma, bekämpft bakterielle Infektionen und fördert allgemein die Gesundheit. Achtung: Verwechslungsgefahr mit dem giftigen Schierling!

ANIS *Pimpinella anisum*
Die Samen mit ihrem charakteristischen Geschmack wirken schleimlösend, entkrampfend und milchbildend. Sie werden häufig bei Husten und auch Asthma, Verdauungsstörungen, Verstopfung, Krämpfen, Übelkeit, Kopfschmerzen, Angst und Appetitlosigkeit sowie während der Stillzeit eingesetzt. Sie sollen aphrodisierend wirken.

ASHWAGANDHA *Withania somnifera*
[Schilddrüsenüberfunktion]
Die Schlafbeere, auch Indischer Ginseng genannt, spielt in der ayurvedischen Medizin Indiens eine wichtige Rolle. Als Adaptogen (siehe S. 93) wirkt sie schlaffördernd und nervenstärkend: Sie regeneriert, steigert die Energie, stärkt das Immunsystem, reguliert den Blutzuckerspiegel, lindert Angst und Stresssymptome. Einigen Studien zufolge könnte sie die Schilddrüsenfunktion anregen.

AUGENTROST, GEMEINER
Euphrasia officinalis
Wiesen-Augentrost wird seit Langem bei Augenbeschwerden eingesetzt. Er stärkt aber auch die Atemwege und erleichtert die Atmung bei Heuschnupfen, Asthma, Entzündungen und Infektionen.

BÄRENTRAUBE, ECHTE
Arctostaphylos uva-ursi
Das natürliche Diuretikum wirkt entzündungshemmend, kräftigt Blase und Nieren und wird bei Harnwegs- und Blaseninfekten eingesetzt. Es lindert zudem Muskel- und Gelenkschmerzen.

BEIFUSS *Artemisia vulgaris*
[Allergie gegen Korbblütler]
Beifuß gehört wie Wermut zur Gattung *Artemisia*, von der er sein bitteres Aroma hat. Als Magenbitter regt er den

Appetit und die Verdauung an, sodass der Körper die Nahrung optimal verwerten kann. Nach reichhaltiger Mahlzeit lindert er Unwohlsein. Beifuß wird traditionell mit Schutz und Träumen assoziiert. Man hängt ihn auch an Türen und trinkt den Tee vor dem Zubettgehen, um luzide Träume zu fördern.

BETONIE, ECHTE *Stachys betonica*
Betonie oder Heilziest gehört zu den besten Mitteln gegen Kopfschmerzen und Neuralgien, insbesondere im Gesicht. Das Kraut unterstützt beim Meditieren oder in Phasen von Angst und Stress.

BOCKSHORNKLEE
Trigonella foenum-graecum
In der Küche als Gewürz verwendet, fördern die Samen auch auf schonende Weise bei Stillenden die Milchbildung. Bockshornklee wird zudem bei Bronchitis und als Gurgellösung bei Halsschmerzen verwendet.

BORRETSCH *Borago officinalis*
Borretsch lindert Stresssymptome und stärkt allgemein die Nerven. Er kann auch bei Depressionen und Reizbarkeit helfen, etwa während der Menstruation und der Wechseljahre.

BRAHMI *Bacopa monnieri*
Die Pflanze wird in der ayurvedischen Medizin verwendet. Sie gilt als konzentrations- und gedächtnisfördernd sowie generell als gehirnstärkend. Auch zur Linderung von Schlafstörungen, Stress und Angst wird sie eingesetzt.

BRENNNESSEL, GROSSE
Urtica dioica
Brennnesselblätter sind reich an Mineralstoffen und deshalb empfehlenswert für Stillende und Kranke während der Genesung. Ihre antihistaminischen Eigenschaften unterstützen die Linderung allergischer Symptome, etwa bei Heuschnupfen; ihre entgiftende Wirkung hilft gegen Juckreiz bei Ausschlägen.

BROMBEERE *Rubus villosus*
Zum Einsatzgebiet von Brombeerblättern, die reich an Antioxidantien sind, gehören die Behandlung von Durchfall, Halsschmerzen, Mundschleimhaut- und Zahnfleischentzündung. Brombeerblättertee hilft gegen Husten.

BUCCO *Barosma betulina*
Die Buccopflanze, als Aromengeber geschätzt wegen seines Johannisbeergeschmacks, ist auch ein natürliches Diuretikum und ein Entzündungshemmer, der Völlegefühl nach reichlichem Essen und die Symptome von Gicht, Arthritis und Rheuma lindern kann. Zudem wird Bucco als gesundheitsförderndes Stärkungsmittel eingesetzt.

CAYENNEPFEFFER
Capsicum annuum
[Blutverdünnungsmittel] Dieses kräftige Gewürz wird oft zur Entgiftung und zur Anregung von Kreislauf und Verdauung benutzt. Wirkt auch bei Fieber, Halsentzündungen, Gelenkschmerzen, Erkältung und Grippe, und möglicherweise kann es Migräne vorbeugen. Es lindert die Symptome bei Allergien und stärkt das Immunsystem.

CHINABEERE
Schisandra chinensis
Die Beeren dieser Heilpflanze sind Adaptogene (siehe S. 93) und wichtig in der chinesischen Medizin. Sie werden seit Jahrtausenden benutzt, um Alterungsprozesse zu verlangsamen, die Energie anzuregen und die Libido zu steigern. Mit ihren Antioxidantien und entzündungshemmenden Eigenschaften fördern sie die Gesundheit und auch die seelische Ausgeglichenheit.

DAMASZENER-ROSE
Rosa damascena
Der therapeutische Effekt der wohlriechenden Pflanze beschränkt sich zwar im Wesentlichen auf eine milde adstringierende Wirkung, die bei Magenverstimmungen und Halsschmerzen hilft, doch die Rose wird auch geschätzt, weil sie die Laune hebt, bei leichter depressiver Verstimmung und in Trauerphasen beruhigend wirkt. Sie ist ein bekanntes Symbol für Liebe und Romantik.

DAMIANA *Turnera diffusa*
Diese Pflanze wird seit alters bei schwacher Libido als Aphrodisiakum und bei Darmträgheit eingesetzt. Sie wirkt energiesteigernd, indem sie den Körper mit sauerstoffgesättigtem Blut versorgt.

DILL *Anethum graveolens*
Die aromatischen Samen fördern die Verdauung und helfen bei Darmträgheit, Schlaflosigkeit, Atembeschwerden und Menstruationskrämpfen. Zudem können sie den Blutzuckerspiegel regulieren und das Immunsystem stärken.

DUFTVEILCHEN *Viola odorata*
Die Frühjahrsblüher werden zu Heilzwecken gepflückt, doch die Blüten sind so winzig, dass meist vor allem die Blätter bei Entzündungen der oberen Atemwege und Katarrh wirken. Die Veilchen helfen auch bei juckenden Hauterkrankungen wie Ekzemen und Harnwegsinfektionen.

EIBISCH, ECHTER
Althaea officinalis
Wurzel und Blätter enthalten reichlich beruhigende, kühlende Mucilago (eine schleimige Substanz, die viele Pflanzen produzieren). Sie sind in der Verwendung austauschbar, traditionell setzt man jedoch die Wurzel bei Darmentzündung und Harnwegsinfektionen ein, die Blätter dagegen bei Entzündungen im Rachenraum und der Atemwege.

EISENKRAUT, ECHTES
Verbena officinalis
Das leicht bittere Echte Eisenkraut wird vor allem zur Stärkung des Nervensystems eingesetzt. Es hilft, Stress zu reduzieren und Muskelverspannungen zu lösen. In Schlaftees soll er Albträume vertreiben und erholsamen Schlaf fördern.

FENCHEL *Foeniculum vulgare*
Die kleinen Samen mit ihrem charakteristischen Lakritzgeschmack lindern Blähungen und Völlegefühl. Sie sind oft auch in Mitteln gegen Husten und Halsweh enthalten. Für Stillende sind sie empfehlenswert, da sie die Milchbildung fördern und über die Muttermilch Koliken des Babys lindern.

FISCHRINDE *Piscidia erythrina*
Fischrinde sollte man in kleinen Mengen einnehmen. Sie wirkt entspannend

auf die Muskulatur und wird bei Menstruations- und Darmkrämpfen angewendet. Bei Schlaflosigkeit, die von nervlicher Anspannung oder Schmerzen herrührt, wirkt sie in Kombination mit beruhigenden Kräutern. Achtung: Für Fische ist das Kraut giftig.

FRAUENMANTEL, WEICHER
Alchemilla mollis
Eine große Rolle spielt Frauenmantel in der Frauenheilkunde. Er stärkt die Gebärmutter, mildert starke Monatsblutungen und lindert Menstruationsschmerzen. Wegen seiner adstringierenden Wirkung wirkt er bei Mundschleimhautentzündungen als Mündspülung und bei Rachenentzündung als Gurgellösung.

GEISSRAUTE *Galega officinalis*
Die Geißraute, auch Bockskraut genannt, ist beliebt bei Diabetikern und Menschen, die unter Blutzuckerschwankungen leiden, da sie gemäß Forschung den Blutzuckerspiegel stabilisiert. Von Stillenden wird Geißraute zur Anregung der Milchbildung verwendet.

GEWÜRZNELKEN
Syzygium aromaticum
Nelken werden bei Gelenkentzündungen sowie bei Zahn- und Zahnfleischschmerzen als Schmerzmittel eingesetzt. In der ayurvedischen Medizin dienen sie zur Vorbeugung und Behandlung von Erkältung und Grippe und als Schleimlöser. Sie fördern auch die Verdauung.

GINKGO *Ginkgo biloba*
[Blutverdünnungsmittel]
Die Blätter sollen die Durchblutung fördern und so die Funktion von Gehirn und Gedächtnis stärken. Ihre venenstärkenden Eigenschaften helfen bei schmerzenden oder kraftlosen Unterschenkeln.

GOLDMOHN
Eschscholzia californica
Die Blüte des Kalifornischen Mohns hat eine Vielzahl an heilsamen Eigenschaften: Sie stärkt die Nerven, mildert Stress und Angst, fördert erholsamen Schlaf, lindert Schmerzen, Anspannungen und Allergiesymptome und wirkt krampflösend und fiebersenkend.

GOLDRUTE, ECHTE
Solidago virgaurea
[Allergie gegen Korbblütler]
Sie hilft zuverlässig bei Katarrh und verstopfter Nase durch Erkältung oder Heuschnupfen und bei Nebenhöhlenbeschwerden. Goldrutentee dient auch als Gurgellösung bei Kehlkopf- und Rachenentzündung. Als Diuretikum und keimtötendes Mittel lindert der Tee die Beschwerden bei Harnwegsinfektionen.

HAFER *Avena sativa*
Das milchige Getreide kennt man als Frühstücksflocken – doch Hafersamen sind auch ein wirksames Heilkraut. Man sagt ihnen nach, dass sie das gesamte Nervensystem stärken und die Genesung nach einer Krankheit beschleunigen, Erschöpfung mildern und in Phasen von Stress und Angst das Gemüt beruhigen.

HAGEBUTTE *Rosa canina*
Hagebutten, die scharlachroten Früchte der Hunds- bzw. Heckenrose, sind exzellente Vitamin-C-Lieferanten. In Skandinavien gehörten Tees und Suppen aus den getrockneten Beeren während der langen Winter zu den Hauptnahrungsmitteln. Studien deuten darauf hin, dass Hagebutten entzündungshemmend wirken, insbesondere bei Rheuma in Form von Schmerzlinderung und Abschwellung.

HEIDELBEERE *Vaccinium myrtillus*
Die blauen Beeren sind reich an Antioxidantien, die dem degenerativen Alterungsprozess entgegenwirken. Sie werden als Heilmittel eingesetzt, um den Kreislauf anzuregen, die Blutgefäße zu stärken und den Blutzuckerspiegel zu regulieren. Zudem helfen sie bei Durchfall und verbessern die Sehkraft.

HELMKRAUT, SEITENBLÜTIGES
Scutellaria laterifolia
Das Seitenblütige (auch: Blaue) Helmkraut lindert auf schonende Art Angst und innere Unruhe und stärkt die Nerven. Es beruhigt, ohne zu betäuben, ist also besonders hilfreich in Stresssituationen, in denen man einen kühlen Kopf behalten muss. Zudem hilft es gegen Spannungskopfschmerz und ist ein ausgezeichneter Zusatz in Schlaftee, weil es das Gedankenkarussell stoppt.

HERZGESPANN, ECHTES
Leonurus cardiaca
[Herzerkrankungen, außer unter ärztlicher Aufsicht] Mit dem Kraut werden in der Volksheilkunde Mütter unterstützt und Menschen, die mütterliche Fürsorge brauchen. Es hilft wirkungsvoll und sanft gegen Angst und Anspannung, vor allem in Phasen der Veränderung, etwa während der Wechseljahre. Es gilt als herzstärkend und wird oft bei nervösem Herzrasen eingesetzt, das nicht von einer Herzerkrankung kommt.

HIBISKUS *Hibiscus rosa-sinensis*
Die Blüten geben ihr leuchtendes Rot an den Tee ab und sind auch eine ausgezeichnete Vitamin-C-Quelle. Sie schmecken erfrischend und säuerlich-fruchtig. Im Nahen Osten werden sie traditionsgemäß bei Erkältungen und grippalen Infekten verwendet. Studien aus dem Iran deuten darauf hin, dass sie blutdrucksenkend wirken können.

HIMBEERE *Rubus idaeus*
[nicht in den ersten zwei Trimestern]
Die Blätter der Himbeere stärken die Gebärmutter. Zur Geburtsvorbereitung empfehlen Hebammen die Blätter als Tee in der letzten Phase der Schwangerschaft. Während der Geburt helfen die Blätter, die Wehen leichter zu ertragen, danach fördern sie die Rückbildung der Gebärmutter.

HOLUNDER *Sambucus nigra*
[nur für Beeren]
Die weißen Holunderblüten sind für ihre entzündungshemmenden Eigenschaften bekannt. Man setzt sie bei Atemwegsbeschwerden wie Erkältung, Grippe und Nebenhöhlenleiden ein. Wegen ihrer antibakteriellen und antiviralen Wirkung sind sie ideal gegen Allergien und zur Stärkung des Immunsystems. Die Beeren des Schwarzen Holunders sind reich an Antioxidantien und gehören laut Studien zu den wirksamsten verfügbaren Substanzen gegen Virusinfektionen. Sie stärken nicht nur die Augen und das Herz, sondern auch die Abwehrkräfte. Bei Heuschnupfen und anderen Allergien werden sie ebenfalls eingesetzt.

HOPFEN, ECHTER
Humulus lupulus
[Antidepressiva; östrogenempfindliche Krankheiten]
Die weiblichen Blüten des Hopfens sind als Zutat im Bier bekannt. Als Heilkräuter wirken sie beruhigend, fördern tiefen Schlaf und mildern Angstgefühle. Hopfen kann als Tee getrunken oder als Füllung im Kräuterkopfkissen genutzt werden. Er gilt auch als Aphrodisiakum für Frauen. Menschen mit Depressionen sollten ihn allerdings meiden.

INDISCHER WASSERNABEL
Centella asiatica
Auch Gotu Kola oder Tigergras genannt, wird es in Indien und China gegen Krampfadern und zur Förderung von Gedächtnis und geistiger Klarheit verwendet. Das Adaptogen (siehe S. 93) lindert Angst und reduziert Auswirkungen von Stress. Äußerlich fördert es die Wundheilung und beugt Infektionen vor.

INGWER *Zingiber officinale*
Der aromatische und wärmende Ingwer regt das gesamte Verdauungssystem an und fördert gesunde Verdauung. Wegen seiner antimikrobiellen Eigenschaften hilft er gegen Erkältung und Grippe, zudem wirkt er schweißtreibend. Er gilt traditionell auch als Aphrodisiakum.

JASMIN, ECHTER
Jasminum officinale
Der süße Geruch der Jasminblüten hat verschiedene aromatherapeutische Wirkungen auf das Nervensystem, unter anderem hellt er die Stimmung auf und fördert Ruhe und Gelassenheit.

JOHANNISKRAUT
Hypericum perforatum
[insbesondere Antidepressiva und orale Verhütungsmittel]
Studien deuten darauf hin, dass dieses Kraut bei leichten bis mittleren Depressionen sehr wertvoll sein kann. Sein Effekt ist erst nach regelmäßiger Einnahme über mehrere Wochen spürbar. Besonders in Verbindung mit Lichttherapie hilft Johanniskraut auch bei Winterdepressionen. In den Wechseljahren kann es Stimmungsschwankungen lindern. Weniger bekannt ist seine antivirale Wirkung: Es wird sowohl innerlich als auch äußerlich zur Behandlung von Virusinfektionen wie Windpocken und Gürtelrose angewendet. Wenn Sie regelmäßig Medikamente einnehmen, sprechen Sie mit einem Arzt oder einem Kräuterheilkundigen – Johanniskraut kann die Wirkung anderer Präparate beeinträchtigen oder sogar aufheben.

KALMEGH
Andrographis paniculata
Dem bitteren Kraut werden immunstärkende sowie antivirale, antibakterielle und antimyotische Eigenschaften zugeschrieben. Es stärkt zudem Magen, Darm und Leber, wirkt blutdrucksenkend und entzündungshemmend.

KAMILLE *Matricaria recutita*
[Allergie gegen Korbblütler]
Kamillentee kann gegen Schlaflosigkeit helfen, die Folgen von Stress und Angst mildern und für gesunde Verdauung sorgen (auch Durchfall und Koliken bei Babys). Er wirkt bei Menstruationskrämpfen lindernd und kann den Zyklus regulieren. Starker Kamillentee hilft gegen Spannungskopfschmerzen.

KARDAMOM, GRÜNER
Elettaria cardamomum
Das asiatische Gewürz wird gegen Harnwegsentzündungen, hohe Cholesterinwerte, Verdauungsstörungen, schwache Libido und Kreislaufprobleme eingesetzt. Es wird auch als Antidepressivum verwendet.

KATZENMINZE, ECHTE
Nepeta cataria
Die Blätter der Katzenminze gelten als fiebersenkend und sind bei Erkältung oder Grippe auch für Kinder geeignet. Sie stärken das Verdauungssystem und lindern Durchfall, Erbrechen und Blähungen. Auch bei Kopfschmerzen, Stresssymptomen, Arthrose und Zyklusschwankungen hilft diese Pflanze.

KLETTE, GROSSE *Arctium lappa*
[Allergie gegen Korbblütler]
Die Klette wirkt entwässernd und abführend, stärkt Harnwege und Verdauungssystem und lindert dadurch auch Hautprobleme wie Akne und Ekzeme. Es wird zudem erfolgreich zur Regulierung des Blutzuckerspiegels eingesetzt und hat antibakterielle und entzündungshemmende Eigenschaften.

KLETTENLABKRAUT
Galium aparine
[Allergie gegen Korbblütler]
Dieses natürliche Diuretikum wirkt entwässernd, entgiftend und hilft bei Harnwegsinfekten. Studien zufolge kann es den Blutdruck senken und Hautprobleme wie Akne und Schuppenflechte lindern.

KNOTIGE BRAUNWURZ
Scrophularia nodosa
[Herzrasen (Tachykardie)]
Das unscheinbare Kraut (auch: Knoten-Braunwurz) ist in der freien Natur verbreitet. Blätter und Stängel werden bei Hautleiden wie Juckreiz und verstopften Poren verwendet; sie fördern die Entgiftung durch Nieren und Darm.

KORIANDER, ECHTER
Coriandrum sativum
Koriandersamen fördern die Verdauung, stärken die Leber, regulieren den Blutzuckerspiegel, wirken antibakteriell und entgiftend. Koriander kann auch bei Augenkrankheiten und -leiden wie Bindehautentzündung helfen.

KÜMMEL, ECHTER *Carum carvi*
Kümmelsamen regen die Verdauung an, wirken krampflösend und lindern (auch bei Babys) Koliken, Blähungen und Unwohlsein. Kümmel kann zur Fiebersenkung, bei Husten und als Schmerzmittel eingesetzt werden.

KURKUMA *Curcuma longa*
[blutverdünnende Mittel]
Studien belegen die entzündungshemmende Wirkung dieses Gewürzes. Bei entzündlichen Erkrankungen wie Rheuma und bei Sportverletzungen wirkt es schmerzlindernd. Es stärkt die Leberfunktion, senkt den Cholesterinspiegel und kann als Antioxidationsmittel

unterstützend bei der Vorbeugung und Behandlung von Krebs eingesetzt werden.

LAVENDEL, ECHTER
Lavandula angustifolia
Man sagt dem Lavendel nach, dass er die Nerven beruhige. Ein wenig davon im Tee wirkt entspannend auf das Gemüt, fördert erholsamen Schlaf und löst Muskelverspannungen und Krämpfe.

LINDE *Tilia × europaea*
Die Blüten der Linde duften süßlich und haben eine Vielzahl an Wirkungen. Lindenblütentee hilft effektiv gegen Fieber und wirkt beruhigend und entspannend bei Kindern wie bei Erwachsenen. Lindenblüten gelten als kreislaufstärkend, cholesterin- und blutdrucksenkend.

LÖWENZAHN *Taraxacum officinale*
[Allergie gegen Korbblütler]
Sowohl Blätter als auch Wurzeln dieses Krauts (nicht: Unkrauts!) werden gegen viele Leiden eingesetzt, beispielsweise Unterfunktion der Leber, Verstopfung, Hautprobleme, Gewichtsverlust, Harnwegsprobleme und Blutzuckerschwankungen wie bei Diabetes. Die Blätter wirken harntreibend und entwässernd. Wegen seiner positiven Effekte auf Leber, Darm und Harnwege ist Löwenzahn ein wirksames Detox-Mittel.

MÄDESÜSS, ECHTES
Filipendula ulmaria
[Allergie gegen Aspirin]
Mädesüß gilt als Heilmittel gegen Sodbrennen und Übersäuerung. Es ist auch reich an entzündungshemmender Salicylsäure, dem Wirkstoff in Aspirin (dessen Name von der früheren botanischen Bezeichnung des Mädesüß, *Spiraea ulmaria*, stammt). Daher wird es bei Rheuma und anderen entzündlichen Erkrankungen als Entzündungshemmer und Schmerzmittel eingesetzt.

MAHONIE *Berberis aquifolium*
Mahonienwurzel, die manchmal als natürliches Antibiotikum bezeichnet wird, bekämpft wirksam Bakterien. Bei Zahn- und Racheninfektionen eignet sie sich als Mundspülung oder Gurgellösung. Äußerlich kann man sie zur Desinfektion anwenden. Sie wird häufig erfolgreich bei Hauterkrankungen wie Akne und Schuppenflechte eingesetzt. Bei gelegentlichem Einsatz dient sie als schonendes Abführmittel.

MAIS *Zea mays*
Schon lange wird Maistee von den indigenen Amerikanern getrunken. Heute dient er als beruhigendes Diuretikum und zur Behandlung von Harnwegsinfekten, da er entzündungshemmend und antibakteriell wirkt. Er senkt den Blutdruck und unterstützt den Blutkreislauf.

MARIENDISTEL *Carduus marianus*
[Allergie gegen Korbblütler; östrogenempfindliche Krankheiten]
Die winzigen harten Samen der Distelpflanze müssen vor Gebrauch zerkleinert werden. Studien haben ihre leberreinigende und -stärkende Wirkung nachgewiesen; sie regen die Produktion von Leberzellen an und erhöhen so die Leberfunktion. Die weiße Marmorierung der Blätter sah man früher als göttliche Bestätigung für ihr zweites Haupteinsatzgebiet: die Förderung der Milchbildung bei Stillenden.

MEDIZINALRHABARBER
Rheum palmatum
Er ist auch als Handlappiger oder Chinesischer Rhabarber bekannt, aber nicht zu verwechseln mit dem Gartenrhabarber, dessen Blätter roh giftig sind. Die Wurzeln des Medizinalrhabarbers wirken abführend und helfen bei Verstopfung; sie sollten dann möglichst abends eingenommen werden.

MINZE, GRÜNE *Mentha spicata*
Grüne, auch Krause Minze wirkt kühlend. Sie beruhigt den Magen, lindert Übelkeit, verbessert die Verdauung und wird bei Reizdarm und Gallenblasenentzündung eingesetzt. Sie eignet sich auch zur Schmerzlinderung und wird bei Halsentzündung, Erkältung und Kopfschmerz verwendet. Ihr Geschmack ist fruchtiger als der von Pfefferminze.

MÖNCHSPFEFFER
Vitex agnus-castus **[östrogenempfindliche Krankheiten]**
Die Beeren regulieren den Hormonhaushalt und lindern Menstruations- und Wechseljahrbeschwerden wie Stimmungsschwankungen, Hitzewallungen und Spannungen in der Brust. Bei Stillenden können sie die Milchbildung anregen, zudem helfen sie bei Akne und übermäßigem Haarwuchs, bedingt durch das Polyzystische Ovar-Syndrom (PCOS).

MUTTERKRAUT
Tanacetum parthenium
[Allergie gegen Korbblütler]
Die kamilleähnlichen Blüten und die Blätter des Krauts werden zur Vorbeugung und Behandlung von Migräne und Kopfschmerzen verwendet. Sie helfen auch bei entzündlichen Erkrankungen im Kopfbereich sowie bei Tinnitus und Schwindelgefühlen.

ODERMENNIG *Agrimonia eupatoria*
Als Heilkraut eignen sich alle Teile der Pflanze,die auch Ackerkraut genannt wird. Sie hilft bei Verdauungsproblemen, Durchfall, Blasenentzündung, Völlegefühl, Leberleiden, Rheuma und Hautreizungen wie Ekzemen und Akne.

OREGANO *Origanum vulgare*
Die kleinen Blätter verfeinern in der Küche Saucen und Eintöpfe. Oregano wirkt antiseptisch, wird in Mundspülungen und Gurgellösungen verwendet und kann auch Husten und Kopfschmerzen lindern. Sein ätherisches Öl hat antimykotische Eigenschaften, daher wirkt Oregano auch gegen Pilzinfektionen wie Candidose oder Ringelflechte.

PASSIONSBLUME, WINTERHARTE
Passiflora incarnata
Die exotisch wirkende Blüte hat hypnotische Eigenschaften. Sie sorgt für tiefen, erholsamen Schlaf. In kleinerer Menge lindert sie Angst und Anspannung. Früher benutzte man sie gegen Hysterie und epileptische Anfälle. Sie wird gegen Nervenschmerzen und unterstützend in Asthmamitteln eingesetzt.

PETERSILIE
Petroselinum crispum
Sowohl glatte als auch krause Petersilie wirken harntreibend und entwässernd. Nach dem Essen sorgt Petersilie für frischen Atem und lindert Blähungen und

Völlegefühl. Die frischen Blätter sind reich an Vitamin C.

PFEFFER, SCHWARZER
Piper nigrum
Pfeffer ist nicht nur ein fantastisches Gewürz: Die wärmenden ätherischen Öle der Pfefferkörner erleichtern dem Körper die Aufnahme und Nutzung der Wirkstoffe aus anderen Kräutern, besonders fettlöslichen wie Kurkuma. Schwarzer Pfeffer fördert die Verdauung, lindert Blähungen und hemmt Entzündungen.

PFEFFERMINZE
Mentha × piperita
Kühlender, erfrischender Pfefferminztee nach dem Essen lindert Magenverstimmungen und regt die Verdauung an. Er mildert auch Blähungen und kann möglicherweise sogar die Behandlung ernsterer Darmerkrankungen wie Colitis ulcerosa unterstützen. Das Menthol hilft in heißem Tee gegen verstopfte Nase bei Erkältungen und gegen Nebenhöhlenentzündungen. Pfefferminze beruhigt den Magen bei Seekrankheit und Übelkeit.

PIMENT *Pimenta dioica*
Nelkenpfeffer regt die Verdauung an und wird, auch vorbeugend, bei Blähungen, Verstopfung, Durchfall oder Erbrechen verwendet. Er kann appetitanregend und nervenstärkend wirken. Bei Fieber, Menstruationskrämpfen und Gelenkschmerzen ist er ein natürliches Mittel.

QUECKE, GEMEINE
Agropyron repens
Als natürliches Diuretikum und Antibiotikum wird die Kriechquecke bei Harnwegsproblemen eingesetzt. Sie kann Halsentzündungen lindern und wirkt schleimlösend auf die Atemwege. Als Detox-Mittel unterstützt sie Nieren und Leber.

RINGELBLUME *Calendula officinalis*
[Allergie gegen Korbblütler]
Die Blüten der Calendula werden vielfältig genutzt, etwa als Entzündungshemmer und bei Hautleiden wie Ekzemen und Akne. Sie bringen das Lymphsystem in Schwung und bekämpfen so Infektionen und Wassereinlagerungen. Sie wirken auch bei Pilzinfektionen wie Scheidenpilz. Bei Infektionen in der Mundhöhle wird sie als Mundspülung verwendet.

ROOIBOS *Aspalathus linearis*
Dieses wohlschmeckende Kraut aus Südafrika ist eine teeinfreie Alternative zu Schwarztee. Es ist reich an Antioxidantien, die das Herz stärken und Krebs und anderen schweren Krankheiten vorbeugen können. Die reichlich enthaltenen Mineralstoffe sorgen für starke Knochen und können vor Diabetes schützen.

ROSENPELARGONIEN
Pelargonium graveolens
Duftpelargonien kommen in vielen Duftvarianten vor, darunter Zimt, Eau de Cologne und sogar Schoko-Minze. Zu den beliebtesten gehört die Rosenpelargonie bzw. -geranie; ihr Duft hebt wahrlich die Stimmung und macht glücklich. Pelargonienblätter wirken adstringierend, helfen bei Verdauungsstörungen und lindern chronischen Durchfall.

ROSENWURZ *Rhodiola rosea*
Rosenwurz wirkt nicht nur energiesteigernd und lindert die Höhenkrankheit, er hat sich auch bei leichten bis mittleren Depressionen bewährt. Als Adaptogen (siehe S. 93) ist er in Stressphasen hilfreich, da er den Körper gegen langfristige Folgen von Stresshormonen unterstützt.

ROSMARIN *Rosmarinus officinalis*
[Bluthochdruck]
Rosmarin wirkt anregend und wird zur Förderung der Gedächtnisleistung und zur Energiesteigerung genutzt. Es regt die Durchblutung des Körpers an, versorgt das Gehirn mit Sauerstoff und lindert Kopfschmerzen, verursacht durch schlechte Durchblutung.

ROTULME *Ulmus fulva*
Die getrocknete Innenrinde der Rotulme wird meist als Pulver verkauft. Sie wird eingesetzt bei der Behandlung und Stärkung der Innenwände des gesamten Verdauungsapparats. Oft wird Ulmenrinde bei Verdauungsstörungen und Erkrankungen verwendet, in denen die Schleimhäute angegriffen sind, wie Husten, Halsschmerzen, Reizdarm, Durchfall, Harnwegsentzündung.

SALBEI *Salvia officinalis*
[östrogenempfindliche Krankheiten]
Salbeitee wird bei Halsschmerzen als Gurgellösung verwendet, da er Infektionen bekämpft und die Schleimhäute beruhigt. Er lindert auch Zahn- und Zahnfleischprobleme sowie Entzündungen der Mundschleimhaut. In kalten Getränken eingenommen, hemmt Salbei die Schweißbildung, ist somit ein ideales Mittel gegen Hitzewallungen in den Wechseljahren ebenso wie gegen nervöses Schwitzen. Während der Stillzeit ist Salbei nicht zu empfehlen, da er die Milchbildung hemmen kann; er kann allerdings beim Abstillen helfen.

SARSAPARILLE
Smilax ornata
Sie hilft bei Hauterkrankungen wie Ekzemen und Schuppenflechte. Sie stärkt den Kreislauf und wirkt blutreinigend. Auch Arthritis und andere rheumatische Erkrankungen lassen sich mit ihr behandeln.

SCHAFGARBE
Achillea millefolium
Das Kraut wirkt blutstillend und lindert äußerlich Beschwerden wie etwa durch Insektenstiche und Ameisenbisse. Zudem fördert die Schafgarbe die Durchblutung, sie hilft daher bei Bluthochdruck und wirkt bei Erkältungen, grippalen Infekten und Fieber schweißtreibend. Als Antibiotikum bekämpft sie Bakterien bei Harnwegs- und anderen Infektionen.

SCHNEEBALL, GEMEINER
Viburnum opulus
Die Rinde der Pflanze, auch Herzbeer, Blutbeer genannt, wirkt bei Menstruationsbeschwerden krampflösend. Sie wirkt jedoch nicht nur lokal und kann auch bei Migräne, Kopfschmerzen, leichtem Asthma und Reizdarm helfen. Zudem kann sie das Herz stärken und den Blutzuckerspiegel stabilisieren.

SCHWARZNESSEL *Ballota nigra*
Sie gilt als krampflösend und beruhigend. Auch bei nervlich bedingter Übelkeit und Erbrechen wird sie eingesetzt, und wenn die Symptome zu Beginn der Schwangerschaft, im Rahmen einer Seekrankheit oder als Nebenwirkung von Medikamenten auftreten.

SCHWERTLILIE *Iris versicolor*
[blutverdünnende Mittel; Digoxin] Ihre Wurzeln eignen sich in kleiner Menge hervorragend zur Entgiftung und stärken die Leber. Häufig werden sie bei Hautproblemen wie Ekzemen und Akne eingesetzt, zudem können sie Stress, Kopfschmerzen, Verstopfung und Blähungen lindern.

SEIDENAKAZIE
Albizia julibrissin
Der Seiden- oder Schlafbaum gilt als Baum der Zufriedenheit. Er spielt in der Traditionellen Chinesischen Medizin (TCM) eine große Rolle. Verwendet werden Rinde und Blüten zur Linderung von Angst, Depressionen und Stresssymptomen, aber auch bei Schlaflosigkeit, Gedächtnisproblemen, Schmerzen, Allergien und Kreislaufproblemen.

SELLERIE, ECHTER
Apium graveolens
In der ayurvedischen Medizin werden mit Selleriesamen Erkältungen, Grippe, Leberstau und Lebererkrankungen, Gelenkbeschwerden und Verdauungsstörungen behandelt; westliche Kräuterheilkundige verschreiben die Samen gegen Nervenleiden, Entzündungen, Rheuma und Bluthochdruck. Sellerie ist meist in pflanzlichen Mitteln gegen Gicht enthalten, weil er hilft, die abgelagerten Harnsäurekristalle aufzulösen, die die Gelenkschmerzen verursachen.

SHATAVARI *Asparagus racemosus*
Shatavari (oder Indischer Spargel) gilt als Kraut für Frauen. Sein Name bedeutet „Frau mit 100 Ehemännern" und bezieht sich auf die stärkende Wirkung in Bezug auf das Hormonsystem gebärfähiger Frauen. Die Wurzel wird oft zur Steigerung der Fruchtbarkeit eingesetzt und kann während der Wechseljahre Beschwerden wie Hitzewallungen lindern.

SONNENHUT (ECHINACEA)
Echinacea angustifolia/purpurea
[Allergie gegen Korbblütler]
Blüten und Wurzeln dieser Pflanze werden therapeutisch genutzt. Ihr Haupteinsatzgebiet ist die Stärkung des Immunsystems gegen Infektionen. Wenn das Kraut bei den ersten Symptomen eingenommen wird, hilft es gegen Erkältung, Grippe und andere Virusinfektionen. Man schreibt ihm gelegentlich zu, dass es die Wundheilung unterstütze und bei Hautirritationen und auch bei Rheuma entzündungshemmend wirke.

SPITZWEGERICH
Plantago lanceolata
Diese unauffällige Blattpflanze findet man weltweit in der Nähe menschlicher Besiedelung. Sie enthält reichlich Schleimstoffe, klebrige Stärke, die vor allem in Rachen, Lunge und dem Verdauungssystem entzündetes Gewebe behandeln kann. Nicht nur bei Heuschnupfen, auch bei Verstopfung und sogar nach einer Magenverstimmung oder Lebensmittelvergiftung wirkt Spitzwegerich beruhigend.

STERNANIS, ECHTER
Illicium verum
Die Früchte des Sternanis sind als Garnitur eines Kräutertees ein echter Hingucker, ihr Aroma sorgt für Süße. In seiner Heimat China wird Sternanis traditionell zur Behandlung von Husten und Erkältung, zur Linderung von Blähungen, als Appetitanreger und als Aphrodisiakum verwendet. Bei der Geburt gilt er als schmerzstillend.

STIEFMÜTTERCHEN, WILDES
Viola tricolor
Die Blüten des Ackerveilchens werden zusammen mit den Blättern gepflückt und als entzündungshemmende Schleimlöser bei Husten und Bronchitis eingenommen. Auch bei Hautausschlägen wie nässenden Ekzemen kann es helfen, ebenso bei Blasenentzündung und anderen Blaseninfektionen.

SÜSSHOLZ, ECHTES
Glycyrrhiza glabra **[Bluthochdruck; Nierenleiden; östrogenempfindliche Krankheiten]**
Süßholzwurzel, aus der Lakritze hergestellt wird, ist seit Jahrtausenden wegen ihrer Heilwirkungen und ihres süßen Geschmacks beliebt. Tief sitzenden Husten bekämpft sie mithilfe ihrer schleimlösenden und schmerzlindernden, aber auch antiviralen Eigenschaften. Als wirkungsvoller Entzündungshemmer kann Süßholz Darmentzündung und andere entzündliche Erkrankungen lindern. Es gehört zur Familie der Hülsenfrüchtler und enthält Phytoöstrogene, sekundäre Pflanzenstoffe, die die Vorbeugung und Behandlung vieler Wechseljahrbeschwerden unterstützen können.

TAIGAWURZEL, BORSTIGE
Eleutherococcus senticosus
[Bluthochdruck]
Als eines der besten Adaptogene (siehe S. 93) regt der Sibirische Ginseng die Energie an, wirkt gegen Erschöpfung und lindert die körperlichen Folgen von Stress. Russische Kosmonauten benutzten das Kraut zur Steigerung ihrer Ausdauer. Laut Studien könnte es zudem bei Jetlag und Höhenkrankheit helfen.

TEUFELSKRALLE
Harpagophytum procumbens
[Herzleiden]
Teufelskralle ist ein starkes Schmerzmittel und wirkt auch entzündungshemmend. Es wird bei Arthrose, Rheuma und anderen Gelenkbeschwerden sowie Schmerzen im unteren Rücken, in Knien, Hüfte und Muskeln eingesetzt. Hilft bei Verdauungsstörungen und zur Fiebersenkung.

THYMIAN *Thymus vulgaris*
Thymian wirkt stark antimikrobiell; seine würzigen Blättchen eignen sich als Zusatz in Gurgellösungen für Halsschmerzen und in Mundspülungen bei

Entzündungen im Mund- und Rachenraum. Bei Husten und Atemwegsinfekten wirkt er schleimlösend und unterstützt das Abhusten.

TRAGANT *Astragalus mongholicus/membranaceus*
[Autoimmunerkrankungen]
Der Mongolische bzw. Chinesische Tragant wirkt immunsystemstärkend und energiesteigernd. Er wird auch bei Erkältung, Grippe und Stress eingesetzt, allerdings traditionell nicht in der akuten Phase, sondern zur Vorbeugung und während der Genesung. Tragant wirkt auch allgemein kräftigend.

TRAUBENSILBERKERZE
Cimicifuga racemosa
[östrogenempfindliche Krankheiten]
Sie wird am häufigsten zur Behandlung von Menstruations- und Wechseljahrbeschwerden eingesetzt, wie Stimmungsschwankungen und Hitzewallungen, gilt aber auch als entzündungshemmend und lindert Rheuma und Neuralgien.

TULSI *Ocimum sanctum*
Tulsi ist auch als Heiliges oder Indisches Basilikum bekannt. In Indien gilt es als heilig. Zu seinen Einsatzgebieten gehören Blutzuckerschwankungen und Bluthochdruck, aber auch Husten und Erkältung. In Stress- oder Angstphasen kann es stärken und Gelassenheit fördern.

WASSERDOST, INDIANISCHER
Eupatorium perfoliatum
Seine Blätter und Blüten helfen bei Erkältungen und Fieber und stärken zudem die Abwehrkräfte. Wasserdost ist ein effektives Grippemittel, da er Muskel- und Knochenschmerzen lindert, die oft mit Influenza einhergehen. Auch bei Migräne und Muskelkrämpfen wirkt er schmerzlindernd. Zudem hat er abführende und antibakterielle Eigenschaften.

WEGWARTE *Cichorium intybus*
[Allergie gegen Korbblütler]
Wegwarten- oder Zichorienwurzel ist gut für die Verdauung, wirkt antibakteriell und entgiftend, lindert Schmerzen bei Rheuma und anderen entzündlichen Erkrankungen. Sie stärkt die Abwehrkräfte, Herz, Leber und Gallenblase.

WEIDE *Salix alba/nigra*
[Allergie gegen Aspirin]
Wie Mädesüß enthält auch die Borke der Silber- und der Schwarzweide Salicylsäure, den Wirkstoff von Aspirin. Weidenrinde ist daher ausgezeichnet gegen Entzündungen und jegliche Schmerzen. Sie wird vor allem bei Rheuma und anderen Gewebeerkrankungen eingesetzt. Der hohe Anteil an Tanninen schützt die Magenschleimhaut, die durch konventionelles Aspirin geschädigt werden kann.

WEISSDORN, ZWEIGRIFFELIGER
Crataegus laevigata **[Mittel für Herz und Blutdruck]** Blätter, Blüten und Beeren dieser Pflanze aus der Familie der Rosengewächse stärken das Herz-Kreislauf-System. Sie können Studien zufolge die Arterienwände kräftigen und so den Blutdruck senken; bei regelmäßiger Einnahme sorgen sie für eine verbesserte Herzfunktion. Von Kräuterheilkundigen, die sich mit „Pflanzenenergetik" (der Idee, dass Pflanzen nicht nur auf körperlicher, sondern auch auf spiritueller Ebene wirken) beschäftigen, wird Weißdorn in Zeiten der Trauer empfohlen.

WIESENKLEE *Trifolium pratense*
[östrogenempfindliche Krankheiten]
Blüten und Blätter des Rotklees gelten bei Kräuterheilkundigen als Blutreinigungsmittel. Sie wirken schonend gegen chronische Hauterkrankungen und sind daher etwa bei Neurodermitis in der Kindheit hilfreich. Östrogenähnliche Wirkstoffe, die man in Wiesenklee festgestellt hat, deuten darauf hin, dass er Wechseljahrbeschwerden lindert.

YAMSWURZEL, WILDE
Dioscorea villosa
[östrogenempfindliche Krankheiten]
Die Wurzel dieser Pflanze wirkt stark entzündungshemmend und hat schmerzstillende Eigenschaften. Sie wird bei diversen Gelenkerkrankungen, insbesondere rheumatoider Arthritis, sowie bei innerlichen entzündlichen Krämpfen eingesetzt, wie Menstruationsschmerzen, Koliken und Darmkrämpfen. Yamswurzel enthält Diosgenin, das dem Hormon Progesteron ähnelt, einem Wirkstoff der Antibabypille. Möglicherweise kann sie den Hormonspiegel regulieren.

YSOP, ECHTER *Hyssopus officinalis*
Die ätherischen Öle dieses Duftkrauts wirken vor allem bei Husten und Lungenleiden entkrampfend. Ysop hilft gegen Erkältungen und andere Atemwegsinfektionen und eignet sich wegen seiner beruhigenden, entspannenden Wirkung als sanftes Mittel für Kinder, die an einer Virusgrippe leiden.

ZIMT, ECHTER
Cinnamomum zeylanicum
Dieses Gewürz gilt als blutzuckersenkend und hilft bei Verdauungsstörungen (auch Durchfall und Erbrechen) sowie entzündlichen Erkrankungen wie Rheuma. Es kann auch das Gehirn stärken.

ZITRONENGRAS
Cymbopogon citratus
Lemongras ist ein wichtiges Gewürz in den Küchen Asiens, in Indien wird es als Heilkraut zur Behandlung von Husten und verstopfter Nase eingesetzt. Im Westen verwendet man es gegen Bluthochdruck, Gelenkschmerzen, Fieber, Verdauungsstörungen und Erbrechen.

ZITRONENMELISSE
Melissa officinalis
Auch wenn sie ihrer Verwandten, der Minze, ähnlich sieht, der typische Zitrusduft der Melisse ist unverwechselbar. Melissentee ist nicht nur wohlschmeckend, er ist auch unschlagbar in seiner stimmungsaufhellenden und stresslindernden, entspannenden Wirkung. Studien deuten darauf hin, dass Melisse bis ins hohe Alter das Gedächtnis stärken kann. Wegen ihrer antiviralen Eigenschaften ist sie im Winter als Tee empfehlenswert.

ZITRONENVERBENE
Aloysia citrodora
Im Sommer schmeckt ein kalter Tee mit dem erfrischenden Zitronenaroma dieses Krauts. Es soll die Laune heben und tiefen, gesunden, erholsamen Schlaf fördern.

Bezugsquellen

Heilkräuter sollten Sie nur bei einem seriösen Händler kaufen. Bevor Sie mit Kräutern experimentieren, sollten Sie sich zudem von einem anerkannten Experten für Heilpflanzen beraten lassen. Alle Kräuter in diesem Buch sind unbedenklich, vorausgesetzt, Sie haben keine Erkrankung und nehmen kein Medikament, bei denen von der Verwendung der Kräuter abgeraten wird. Fragen Sie im Zweifel bei einem registrierten Kräuterheilkundler nach.

Ausbildende Institute, weiterführende Informationen:

Gundermann Naturerlebnisschule e.K.
Holbeinstraße 13
D-40667 Meerbusch
Tel. +49(0)2157-128520
gundermannschule@aol.com
www.gundermannschule.com

Institut für ganzheitliche Kräutermedizin
Alter Pilgerweg 6
CH-6414 Oberarth (Schwyz)
silviarominger@bluewin.ch
www.heilpflanzenausbildungen.com

Institut für Vorsorgemedizin und naturheilkundliche Beratung
Linke Wienzeile 168
A-1060 Wien
office@heilkraeuter-und-heilpflanzen.com
www.institut-fuer-vorsorgemedizin.com

Verein der Südtiroler Kräuterpädagogen
Kloster Neustift
Stiftweg 1
I-39040 Vahrn
www.suedtiroler-kraeuterpaedagogen.it

Online-Shops:

Dragonspice Naturwaren
Im Staudfuß 4
D-72770 Reutlingen
Tel. +49(0)7121-5939980
info@dragonspice.de
www.dragonspice.de

Herbathek Naturheilmittel
Kollwitzstraße 76
D-10435 Berlin
Tel. +49(0)30-25797021
kundenservice@herbathek.com
www.herbathek.com

Hofapotheke St. Afra
Hoher Weg 11
D-86152 Augsburg
Tel. +49(0)821-343470
info@hofapotheke-augsburg.de
www.hofapotheke-augsburg.de/teekraeuter

Kräuter Direkt
Florianistraße 86
A-8523 Frauental
Tel. +43(0)3462-30177
info@kraeuter-direkt.at
www.kraeuter-direkt.at

Kräuterhaus Anke Maack e.K.
Koppel 34, Gewerbehof
D-20099 Hamburg
Tel. +49(0)40-240000
info@kraeuterhaus.net
www.kraeuterhaus.net

Pedro-Drogerie Durtschi
Blumensteinstrasse 5
CH-3665 Wattenwil
Tel. +41(0)33-3562626
wattenwil@pedro-drogerie.ch
www.pedro-drogerie.ch

Stübener Kräutergarten
Stüben 6
A-6850 Dornbirn
Tel. +43(0)699-1020-0992
shop@der-bio-shop.info
www.hinterauer.info

Wild Herbs GmbH
Grafenauer Straße 1
D-94078 Freyung
Tel. +49(0)151-21065411
k.toman@natur-kraeuter.de
www.natur-kraeuter.de

Wilhelm Lindig Kräuterparadies
Blumenstraße 15
D-80331 München
Tel. +49(0)89-265726
lindig@phytofit.de
www.phytofit.de

Ybbser Kräutergarten (große Auswahl an frischen Bio-Pflanzen)
Trewaldstraße 38
A-3370 Ybbs an der Donau
Tel. +43(0)676-5448515
martin@ybbser-kraeutergarten.at
www.ybbser-kraeutergarten.at

Register

Danksagungen

PAULA

Zunächst möchte ich Karen Sullivan und Gill Paul dafür danken, dass dieses Buch entstehen konnte. Danke an alle, die den Kräutern und mir seit Jahren ihre Gesundheit anvertrauen und von denen ich so vieles gelernt habe. Ganz lieben Dank denen, durch die Zitronenmelisse zu einem so wunderbaren Erlebnis wurde – es sind zu viele, um sie hier einzeln aufzuzählen, aber besonders möchte ich Jenny Andrews, Daniel Baumann und Shirley Zerf nennen, die uns auf dem ganzen Weg begleitet haben. Danke an meine Leute aus Santa Cruz: Karen, Lisa, Darren, Kea und Matt, die hier für mich eine Heimat geschaffen haben, und an Papa, Marie, Karen, Rob, Wendy, David, Tes, Eleanor, Dena und Zaz im Vereinigten Königreich, die dafür sorgen, dass ich auch dort ein Zuhause habe. In warmer Erinnerung an Mama und Oma, die ihre Liebe zu Pflanzen an mich weitergegeben haben und denen es nichts ausmachte, wenn ich mit meinen ersten Kräuterexperimenten die Küche auf den Kopf stellte. Schließlich und ganz besonders möchte ich der Liebe meines Lebens, Michael, unendlich dafür danken, dass du seit 20 Jahren das Leben, die Liebe und haarsträubende Projekte mit mir teilst, und dem Licht meines Lebens, Nate, dafür, dass du unser Sohn bist.

KAREN

Ich möchte Paula Grainger, Leanne Bryan und Salima Hirani für ihre Kompetenz und Professionalität danken – sie waren inspirierend, und die Zusammenarbeit mit ihnen war einfach wunderbar. Vielen Dank auch an meine sehr geduldige Familie, Max, Cole, Luke und Marcus sowie an meine Kusine Erica Manger, die meine Liebe zu natürlichen Heilmethoden teilt.

Projektleitung: Alexandra Bauer (textwerk, München)
Übersetzung: Christiane Manz für textwerk, München
Lektorat: Karin Leonhart für textwerk, München
Satz: Barbara Prasch (textwerk, München)
Herstellung: Markus Plötz
Umschlaggestaltung: herzblut02, Martina Baldauf, München
Umschlagfoto: © Joerg Lehmann
Layout: Jaz Bahra, Isabel de Cordova
Fotografie: Mowie Kay
Food-Styling: Maud Eden
Foto-Styling: Jessica Georgiades

Printed and bound in China

Die Originalausgabe ist 2016 unter dem Titel „Infuse" bei Hamlyn erschienen, einem Imprint der Octopus Publishing Group Ltd., Carmelite House, 50 Victoria Embankment, London EC4Y 0DZ.

1. Auflage 2017
ISBN 978-3-8338-6110-9

Wichtiger Hinweis
Die Gedanken, Methoden und Anregungen in diesem Buch stellen die Meinung bzw. Erfahrung der Verfasserinnen dar. Sie wurden von den Autorinnen nach bestem Wissen erstellt und mit größtmöglicher Sorgfalt geprüft. Sie bieten jedoch keinen Ersatz für persönlichen, kompetenten, medizinischen Rat. Jede Leserin, jeder Leser ist für das eigene Tun und Lassen auch weiterhin selbst verantwortlich. Weder Autorinnen noch Verlag können für eventuelle Nachteile oder Schäden, die aus den im Buch gegebenen praktischen Hinweisen resultieren, eine Haftung übernehmen.

Hallwag

GRÄFE UND UNZER
Ein Unternehmen der GANSKE VERLAGSGRUPPE